COLLECTION FOLIO

Leïla Slimani

Le parfum
des fleurs la nuit

Gallimard

© *Éditions Stock, 2021.*

Leïla Slimani est née en 1981, elle vit à Paris. Elle a publié quatre romans aux Éditions Gallimard : *Dans le jardin de l'ogre*, *Chanson douce*, récompensé notamment du prix Goncourt en 2016, *Le pays des autres* et *Regardez-nous danser*. Elle est aussi l'autrice de récits, d'essais et de bandes dessinées.

*À Jean-Marie Laclavetine,
qui m'a fait naître écrivain*

À mon ami, Salman Rushdie

Si la solitude existe, ce que j'ignore, on aurait bien le droit, à l'occasion, d'en rêver comme d'un paradis.

Albert CAMUS

Là où il y a de l'Art, il n'y a ni vieillesse, ni solitude, ni maladie et même la mort n'est plus que la moitié d'elle-même.

Anton TCHEKHOV

Paris. Décembre 2018

La première règle quand on veut écrire un roman, c'est de dire non. Non, je ne viendrai pas boire un verre. Non, je ne peux pas garder mon neveu malade. Non, je ne suis pas disponible pour déjeuner, pour une interview, une promenade, une séance de cinéma. Il faut dire non si souvent que les propositions finissent par se raréfier, que le téléphone ne sonne plus et qu'on en vient à regretter de ne recevoir par mail que des publicités. Dire non et passer pour misanthrope, arrogant, maladivement solitaire. Ériger autour de soi un mur de refus contre lequel toutes les sollicitations viendront se fracasser. C'est ce que m'avait dit mon éditeur quand j'ai commencé à écrire des romans. C'est ce que je lisais dans tous les essais sur la littérature, de Roth à Stevenson, en passant par Hemingway qui le résumait d'une manière simple et triviale : « Les plus grands ennemis d'un écrivain sont le téléphone et les visiteurs. » Il ajoutait que de toute façon, une fois la discipline acquise, une fois la littérature devenue le centre, le cœur, l'unique horizon d'une vie, la solitude s'imposait. « Les amis meurent ou ils disparaissent, lassés peut-être par nos refus. »

Depuis quelques mois, je me suis astreinte à cela. À mettre en place les conditions de mon isolement. Le matin, une fois mes enfants à l'école, je monte dans mon bureau et je n'en sors pas avant le soir. Je coupe mon téléphone, je m'assois à ma table ou je m'allonge sur le canapé. Je finis toujours par avoir froid et à mesure que les heures passent, j'enfile un pull, puis un deuxième, pour finalement m'enrouler dans une couverture.

Mon bureau fait trois mètres sur quatre. Sur le mur de droite, une fenêtre donne sur une cour d'où montent les odeurs d'un restaurant. Odeur de lessive et de lentilles aux lardons. En face, une longue planche en bois me sert de table de travail. Les étagères sont encombrées de livres d'histoire et de coupures de journaux. Sur le mur de gauche, j'ai collé des post-it de différentes couleurs. Chaque couleur correspond à une année. Le rose pour 1953, le jaune pour 1954, le vert pour 1955. Sur ces bouts de papier j'ai noté le nom d'un personnage, une idée de scène. Mathilde au cinéma. Aïcha dans le champ de cognassiers. Un jour où j'étais inspirée, j'ai établi la chronologie de ce roman sur lequel je travaille et qui n'a pas encore de titre. Il raconte l'histoire d'une famille, dans la petite ville de Meknès, entre 1945 et l'indépendance du royaume. Une carte de la ville, datant de 1952, est étalée sur le sol. On y voit, de façon très nette, les frontières entre la ville arabe, le mellah juif et la cité européenne.

Aujourd'hui n'est pas un bon jour. Je suis assise depuis des heures sur cette chaise et mes personnages ne me parlent pas. Rien ne vient. Ni un mot, ni une image, ni le début d'une musique qui m'entraînerait à poser des phrases sur ma page. Depuis ce matin, j'ai trop fumé, j'ai perdu mon temps sur des sites Internet, j'ai fait une sieste mais rien n'est venu. J'ai écrit un chapitre que j'ai ensuite effacé. Je repense à cette histoire que m'a racontée un ami. Je ne sais pas si elle est vraie mais elle m'a beaucoup plu. Pendant qu'il rédigeait *Anna Karénine*, Léon Tolstoï aurait connu une profonde crise d'inspiration. Pendant des semaines, il n'a pas écrit une ligne. Son éditeur, qui lui avait avancé une somme considérable pour l'époque, s'inquiétait du retard du manuscrit et devant le silence du maître, qui ne répondait pas à ses lettres, décida de prendre le train pour l'interroger. À son arrivée à Iasnaïa Poliana, le romancier le reçut et quand l'éditeur lui demanda où en était son travail, Tolstoï répondit : « Anna Karénine est partie. J'attends qu'elle revienne. »

Loin de moi l'idée de me comparer au génie russe ou le moindre de mes romans à ses chefs-d'œuvre. Mais c'est cette phrase qui m'obsède : « Anna Karénine est partie. » Moi aussi, il me semble parfois que mes personnages me fuient, qu'ils sont allés vivre une autre vie et qu'ils ne reviendront que quand ils l'auront décidé. Ils sont tout à fait indifférents à ma détresse, à mes prières, indifférents même à l'amour que je leur porte. Ils sont partis et je dois attendre qu'ils reviennent. Quand ils sont là, les journées passent sans que je m'en rende compte. Je marmonne, j'écris aussi vite que je peux car j'ai toujours peur que mes mains soient moins rapides que le fil de mes pensées. Je suis alors terrifiée à l'idée que quelque chose vienne briser ma concentration comme un funambule qui ferait l'erreur de regarder en bas. Quand ils sont là, ma vie tout entière tourne autour de cette obsession, le monde extérieur n'existe pas. Il n'est plus qu'un décor dans lequel je marche, comme illuminée, à la fin d'une longue et douce journée de travail.

Je vis en aparté. La réclusion m'apparaît comme la condition nécessaire pour que la Vie advienne. Comme si, en m'écartant des bruits du monde, en m'en protégeant, pouvait enfin émerger un autre possible. Un « il était une fois ». Dans cet espace clos, je m'évade, je fuis la comédie humaine, je plonge sous l'écume épaisse des choses. Je ne me ferme pas au monde, au contraire, je l'éprouve avec plus de force que jamais.

L'écriture est discipline. Elle est renoncement au bonheur, aux joies du quotidien. On ne peut chercher à guérir ou à se consoler. On doit au contraire cultiver ses chagrins comme les laborantins cultivent des bactéries dans des bocaux de verre. Il faut rouvrir ses cicatrices, remuer les souvenirs, raviver les hontes et les vieux sanglots. Pour écrire, il faut se refuser aux autres, leur refuser votre présence, votre tendresse, décevoir vos amis et vos enfants. Je trouve dans cette discipline à la fois un motif de satisfaction voire de bonheur et la cause de ma mélancolie. Ma vie tout entière est dictée par des « je dois ». Je dois me taire. Je dois me concentrer. Je dois rester assise. Je dois résister à mes envies. Écrire c'est s'entraver, mais de ces entraves mêmes naît la possibilité d'une liberté immense, vertigineuse. Je me souviens du moment où j'en ai pris conscience. C'était en décembre 2013 et j'étais en train d'écrire mon premier roman, *Dans le jardin de l'ogre*. J'habitais à l'époque sur le boulevard Rochechouart. J'avais un petit garçon et je devais profiter des moments où il était à la garderie pour écrire. J'étais assise à la table de la salle à manger, face à mon ordinateur, et j'ai pensé : « À présent, tu peux dire absolument tout ce que tu veux. Toi, l'enfant polie qui a appris à se tenir, à se contenir, tu peux dire ta vérité. Tu n'es obligée de faire plaisir à personne. Tu n'as pas à craindre de peiner qui que ce soit. Écris tout ce que tu voudras. » Dans cet immense espace de liberté, le masque social tombe. On peut être une autre, on n'est plus définie par un genre, une classe sociale, une religion ou une nationalité. Écrire c'est découvrir la liberté de s'inventer soi-même et d'inventer le monde.

Bien sûr, les journées déplaisantes comme celle d'aujourd'hui sont nombreuses et parfois elles se suivent, donnant lieu à un profond découragement. Mais l'écrivain est un peu comme l'opiomane et comme toute victime de l'addiction, il oublie les effets secondaires, les nausées, les crises de manque, la solitude et il ne se souvient que de l'extase. Il est prêt à tout pour revivre cette acmé, ce moment sublime où des personnages se sont mis à parler à travers lui, où la vie a palpité.

Il est 17 heures et la nuit est tombée. Je n'ai pas allumé la petite lampe et mon bureau est plongé dans le noir. Je me mets à croire que dans ces ténèbres quelque chose pourrait advenir, un enthousiasme de dernière minute, une inspiration fulgurante. Il arrive que l'obscurité permette aux hallucinations et aux rêves de se déployer comme des lianes. J'ouvre mon ordinateur, je relis une scène écrite hier. Il est question d'une après-midi que mon personnage passe au cinéma. Que projetait-on au cinéma Empire de Meknès en 1953 ? Je me lance dans des recherches. Je trouve sur Internet des photographies d'archives très émouvantes et je m'empresse de les envoyer à ma mère. Je commence à écrire. Je me souviens de ce que me racontait ma grand-mère sur l'ouvreuse marocaine, grande et brutale, qui arrachait les cigarettes de la bouche des spectateurs. Je m'apprête à commencer un nouveau chapitre quand l'alarme de mon téléphone se déclenche. J'ai un rendez-vous dans une demi-heure. Un rendez-vous auquel je n'ai pas su dire non. Alina, l'éditrice qui m'attend, est une femme persuasive. Une femme passionnée qui a une proposition à me faire. Je songe à envoyer un message lâche et mensonger. Je pourrais prendre mes enfants comme excuse, dire que je suis malade, que j'ai raté un train, que ma mère a besoin de moi. Mais j'enfile mon manteau, je glisse l'ordinateur dans mon sac et je quitte mon antre.

Dans le métro qui m'amène vers elle, je me maudis. « Tu n'arriveras à rien tant que tu ne sauras pas te concentrer entièrement sur ton travail. » Devant le café où je l'attends en fumant une cigarette, je me jure de dire non. Dire non à tout ce qu'elle me proposera, peu importe l'intérêt du projet. Dire : « J'écris un roman et je ne veux rien faire d'autre. Peut-être plus tard, mais pas pour l'instant. » Je dois me montrer intraitable, afficher une assurance contre laquelle elle ne pourra rien.

Nous nous asseyons sur la terrasse malgré le froid de décembre. Personne à Paris n'a l'air de trouver étrange tous ces gens qui, au cœur de l'hiver, s'installent dehors pour boire et tiennent une cigarette entre leurs doigts gelés. Je commande un verre de vin en pensant que s'y dissoudra ma mélancolie. Mélancolie ridicule. Comment peut-on être triste de n'avoir pas écrit ? Alina me parle de son projet, une nouvelle collection qui s'intitule « Ma nuit au musée ». Je l'écoute à peine tant je suis rongée par le doute et par la culpabilité. Mon verre de vin terminé, je me mets à penser que je n'écrirai peut-être plus jamais, que je n'arriverai plus au bout d'un roman. Je suis si angoissée que j'ai du mal à déglutir. « Est-ce que cela te dirait, me demande alors Alina, d'être enfermée pour une nuit dans un musée ? »

Ce n'est pas le musée qui m'a convaincue. Alina me faisait pourtant une proposition plus qu'alléchante : dormir au sein de la Punta della Dogana, monument mythique de Venise, transformé en musée d'art contemporain. En vérité, la perspective de dormir à proximité des œuvres d'art m'est indifférente. Je ne nourris pas le fantasme d'avoir ces œuvres pour moi toute seule. Je ne pense pas que je les verrais mieux sans la foule, que j'en saisirais plus profondément le sens parce que nous serions en tête à tête. Pas un seul instant je n'ai pensé que je pourrais avoir quelque chose d'intéressant à écrire sur l'art contemporain. Je n'y connais pas grand-chose. Je m'y intéresse peu. Non, ce qui m'a plu dans la proposition d'Alina, ce qui m'a poussée à l'accepter, c'est l'idée d'être enfermée. Que personne ne puisse m'atteindre et que le dehors me soit inaccessible. Être seule dans un lieu dont je ne pourrais pas sortir, où personne ne pourrait entrer. Sans doute est-ce un fantasme de romancier. Nous faisons tous des rêves de cloître, de chambre à soi où nous serions à la fois les captifs et les geôliers. Dans tous les journaux intimes, dans toutes les correspondances d'écrivains que j'ai lus transparaissent ce désir de silence, ce rêve d'un isolement propice à la création. L'histoire de la littérature regorge de figures de reclus magnifiques, de farouches solitaires. D'Hölderlin à Emily Brontë, de Pétrarque à Flaubert, de Kafka à Rilke, s'est construit le mythe de l'écrivain hors du monde, éloigné de la foule et résolu à consacrer sa vie à la littérature.

Un de mes amis, un écrivain très demandé, m'a avoué qu'il n'avait jamais été aussi heureux que le jour où, d'épuisement, il s'est fracturé la jambe. « J'ai passé un mois et demi enfermé dans mon appartement et j'ai écrit. Personne ne pouvait m'en vouloir puisque j'avais la merveilleuse excuse d'être plâtré du pied à l'aine. » Souvent j'ai pensé à m'armer d'un marteau et à me briser le tibia. L'écriture est un combat pour l'immobilité, pour la concentration. Un combat physique où il faut mater, sans cesse, le désir de vivre et celui d'être heureux.

Je voudrais me retirer du monde. Entrer dans mon roman comme on entre dans les ordres. Faire vœu de silence, de modestie, d'entière soumission à mon travail. Je voudrais n'être dévouée qu'aux mots, oublier tout ce qui fait la vie quotidienne, n'avoir à me préoccuper de rien d'autre que du destin de mes personnages. Pour mes romans précédents, j'ai fait ce genre de retraite, dans une maison à la campagne ou dans des hôtels d'une ville étrangère. Trois ou quatre jours où je m'enfermais et où je finissais par perdre la notion du temps. Pour terminer *Chanson douce*, je me suis recluse en Normandie. Pendant cette semaine-là, je n'ai vu personne. Je n'ai pas entendu le son de ma propre voix. Je ne me lavais pas, ne me coiffais pas, je traînais en pyjama dans la maison silencieuse et je mangeais n'importe quoi, à n'importe quelle heure. Je ne répondais plus au téléphone, je laissais s'accumuler les courriers, les factures, je me dérobais à toutes mes obligations. Je me réveillais en pleine nuit, pour écrire un texte dont l'idée m'était subitement apparue en rêve. Dans ma chambre régnait un affreux désordre. Le lit était jonché de livres, de papiers, de morceaux de brioche rassis. C'est sans doute cette brioche qui explique qu'une nuit je me suis réveillée en sursaut. Mon ordinateur était ouvert à côté de moi et quand j'ai allumé la lumière, je me suis rendu compte que mes bras, mes livres, mes draps étaient entièrement recouverts de fourmis qui couraient à toute vitesse, en cercle, dans une danse cauchemardesque. Rarement, dans ma vie, j'ai été aussi heureuse.

Ce soir-là, en rentrant chez moi, je regrette déjà ma décision. Comme si être enfermée pendant une nuit allait résoudre mes problèmes de créativité. Dans ma bibliothèque, je cherche ce que je peux trouver sur la Douane de mer ou sur Venise. Je possède quelques guides, sans autre intérêt que de m'indiquer des restaurants bon marché et le fonctionnement du vaporetto.

Je tire d'un rayonnage un exemplaire de *Venises* de Paul Morand. Je l'ouvre au hasard et je tombe sur ce paragraphe : « J'échapperais. Je ne savais pas à quoi, mais je sentais que le sens de ma vie serait tourné vers le dehors, vers ailleurs, vers la lumière. [...] Dans le même temps, s'amorçait ce battement d'un pendule qui ne m'a plus quitté, un goût sans doute prénatal, du resserrement, le bonheur de vivre dans une chambre étroite contrarié par l'ivresse du désert, de la mer, des steppes. Je haïssais les clôtures, les portes ; frontières et murs m'offensaient. » C'est ainsi que j'ai, moi aussi, toujours vécu. Dans ce balancement entre l'attrait du dehors et la sécurité du dedans, entre le désir de connaître, de me faire connaître et la tentation de me replier entièrement sur ma vie intérieure. Mon existence est tout entière travaillée par ce tiraillement entre le souhait de rester en repos dans ma chambre et l'envie, toujours, de me divertir, de me frotter aux autres, de m'oublier. J'ai à la fois le désir de me discipliner, de me tenir tranquille et celui de m'arracher à mon état, à mon origine et de conquérir, par le mouvement, ma liberté. Je vis dans cet inconfort constant : peur des autres et attraction pour eux, austérité et mondanité, ombre et lumière, humilité et ambition.

Parfois, je me dis que si je ne parlais à personne, si je gardais toutes mes pensées pour moi, elles ne prendraient pas ce tour banal que je leur trouve quand je les partage avec les autres. La conversation est l'ennemi d'un écrivain. Il faudrait se taire, se réfugier dans un silence obstiné et profond. Si je m'astreignais à un mutisme absolu, je pourrais cultiver des métaphores et des envolées poétiques comme on fait pousser des fleurs sous les serres. Si je devenais ermite, je verrais des choses que la vie mondaine empêche de voir, j'entendrais des bruits que le quotidien et la voix des autres finissent toujours par couvrir. Il me semble, quand on vit dans le monde, que nos secrets s'éventent, que nos trésors intérieurs s'émoussent, que nous abîmons quelque chose qui, gardé secret, aurait pu faire la matière d'un roman. Le dehors agit sur nos pensées comme l'air sur les fresques murales que Fellini filme dans Rome et qui s'effacent en même temps qu'elles prennent la lumière. Comme si l'excès d'attention, l'excès de lumière, loin de préserver, amenaient à la destruction de notre nuit intérieure.

« J'ai posé à la malade imaginaire et tout le monde me laisse tranquille, écrit Virginia Woolf dans son *Journal*. Personne ne me demande plus de faire quoi que ce soit. J'éprouve la vaine satisfaction de me dire que la décision vient de moi et non des autres, et il y a un grand luxe à demeurer paisible au cœur du chaos. Dès que je commence à parler et à extérioriser mon esprit en conversations, voilà que la migraine me prend et je me sens comme un chiffon mouillé. » S'exposer, se mêler aux autres provoque parfois cet étrange sentiment de honte, d'avilissement. Quand on écrit, il arrive que le bavardage vous agresse, que l'exercice de la conversation se révèle insupportable. Peut-être parce qu'il contient tout ce que vous redoutez : les clichés, les lieux communs, les phrases toutes faites qu'on dit mais qu'on ne pense pas. Les proverbes, les expressions consacrées peuvent se révéler d'une extrême violence dans ces moments d'écriture où l'on tente de saisir l'ambigu, le flou, le gris.

Quand mon père s'est retrouvé au centre d'un scandale politico-financier, j'ai particulièrement souffert de ces façons de parler. Les expressions populaires sont aiguisées comme de petits poignards qu'on enfonce dans les plaies de la vie. Les gens disaient : « Il n'y a pas de fumée sans feu. » Or, il y a des feux qui brûlent longtemps sans qu'aucune fumée ne s'échappe du foyer. Il y a des flammes qui s'épanouissent en secret. Et puis il y a des fumées noires et poisseuses qui salissent tout, qui étouffent les cœurs, qui repoussent au loin les amis et le bonheur. Des fumées dont on passe des années à chercher de quels feux elles proviennent. Et que parfois on ne trouve jamais.

Ce que l'on ne dit pas nous appartient pour toujours. Écrire, c'est jouer avec le silence, c'est dire, de manière détournée, des secrets indicibles dans la vie réelle. La littérature est un art de la rétention. On se retient comme dans les premiers moments de l'amour quand nous viennent à l'esprit des phrases banales, des déclarations enflammées que l'on se force à ne pas dire pour ne pas abîmer la beauté du moment. La littérature consiste dans une érotique du silence. Ce qui compte, c'est ce qu'on ne dit pas. En vérité, c'est peut-être notre époque et pas seulement mon métier d'écrivain qui me pousse à désirer la solitude et le calme. Je me demande ce qu'aurait pensé Stefan Zweig de cette société obsédée par l'étalage de soi et la mise en scène de son existence. De cette époque, où toute prise de position vous expose à la violence et à la haine, où l'artiste se doit d'être en accord avec l'opinion publique. Où l'on écrit, sous le coup de la pulsion, cent quarante caractères. Dans *Le Monde d'hier*, il dresse un portrait plein d'admiration du poète Rainer Maria Rilke. Il se demande quelle place l'avenir réservera à des écrivains comme celui-là, qui ont fait de la littérature une vocation existentielle. Il écrit : « Notre époque n'est-elle pas précisément celle qui ne permet pas le silence même aux plus purs, aux plus isolés, ce silence de l'attente, de la maturation, de la méditation et du recueillement ? »

Venise. Avril 2019

Si je n'avais rien à raconter sur l'art contemporain, qu'allais-je bien pouvoir dire sur Venise ? Il n'y a rien de plus effrayant, pour un écrivain, que ces sujets sur lesquels il semble que tout a déjà été dit. (« Évitez d'abord les genres trop courants, trop habituels ; ce sont les plus difficiles, car on a besoin d'une grande force, d'une force mûrie, pour donner ce qu'on a en propre là où de bonnes et parfois brillantes traditions se présentent en foule », conseille Rainer Maria Rilke à son jeune poète.) Je ne peux pas me contenter de célébrer la beauté de la ville, décrire mon émotion, utiliser des expressions comme « la Sérénissime » ou « la cité des Doges ». Impossible de parler des eaux stagnantes, de la mélancolie, de l'humeur rieuse de Goldoni, de la beauté qui s'offre à chaque coin de rue. Je pourrais citer Thomas Mann, Philippe

Sollers, Ezra Pound, Jean-Paul Sartre. Mais je ne serais pas très avancée. Je pourrais écrire un plaidoyer contre le tourisme de masse, les paquebots qui déversent des centaines de visiteurs dans la lagune. Je pourrais me moquer de la laideur des touristes, de leur vulgarité et de leur esprit grégaire. Le touriste qui se donne à voir comme tel provoque toujours un sentiment de rejet. Contrairement au dandy, qui porte haut sa différence et cultive une esthétique de la marginalité, le touriste est l'être inélégant par excellence. Ce spécimen hait l'image qu'il donne de lui-même, il veut à tout prix que les passants ne le confondent pas avec les autres touristes. Il veut être pris pour ce qu'il n'est pas : c'est-à-dire quelqu'un d'ici, une personne familière des lieux, un autochtone. Il veut cacher sa surprise, ne pas laisser deviner qu'il est perdu ou qu'il est une proie facile pour les pickpockets et autres magouilleurs. Le touriste est un personnage touchant. Il l'est encore plus quand il tente de dissimuler le guide qu'il tient à la main et qui lui promet de lui faire découvrir la « Venise secrète », « hors des sentiers battus ». Dans *Le Vain Travail de voir divers pays*, Valery Larbaud se moque tendrement des touristes, qui restent à la surface des choses et demeurent étrangers à la réalité des pays qu'ils traversent. « Hier, deux vieilles Anglaises qui voulaient des glaces ne surent demander que de la glace et je crus devoir leur venir en aide. *"They call it gelato. — Oh: jaylar-tow! Thank you very much."* Et elles eurent des glaces, les chères vieilles choses. Avec cette ignorance de l'italien, leur voyage doit avoir pour elles un caractère cinématographique : une bande qui se déroule : paysages, rues, foules, une vie à laquelle elles ne peuvent prendre part. »

J'atterris à Venise en début d'après-midi. Le bateau-taxi me dépose en face de l'hôtel Londra Palace, à quelques pas du pont des Soupirs. Il est 19 heures et dans moins de deux heures je serai enfermée. Je traverse les quartiers les plus touristiques de la ville. Je me fraie un chemin au milieu des groupes sur la place Saint-Marc. Venise a l'air d'un décor de carton-pâte et je ne peux m'empêcher de remarquer la laideur des vitrines, la tristesse des restaurants aux menus hors de prix. Sur une place, j'observe un homme qui s'adresse, avec de grands gestes, à un couple de Hollandais et à leurs enfants. Les touristes traînent derrière eux de lourdes valises à roulettes et l'homme tente de leur expliquer dans un mauvais anglais que cela fait du bruit et dérange les habitants du quartier. Quand elle finit par comprendre, la dame hollandaise porte la main à la bouche et elle fait à son mari le geste de soulever les valises. L'homme s'exécute mais il fait un peu la moue. Il a l'air de les trouver bien sensibles, ces Vénitiens.

« Ce ne sont pas les villes et les paysages qui m'intéressent vraiment. En réalité, mon intérêt s'est toujours porté sur les êtres humains. Pour moi, ce n'est pas dans la galerie des Offices ou dans le jardin de Boboli que se trouve l'esprit de Florence, mais dans une vision, celle d'une femme anglaise ou d'un cordonnier toscan dans une étroite ruelle proche de la Via Tornabuoni », écrit le romancier hongrois Sándor Márai dans son *Journal*, et en cela je le rejoins.

Je repense à un voyage à Kyoto, il y a quelques années. Dans le quartier de Gion, les touristes harcelaient les geishas qu'ils poursuivaient pour les prendre en photo. Depuis, je crois que les autorités de la ville ont interdit les photographies dans ce périmètre. À Barcelone, des milices antitouristes ont mené des actions violentes il y a quelques jours. Dans tous les hauts lieux du tourisme mondial, des comités d'habitants s'insurgent contre la marchandisation de leur cadre de vie, contre le sacrifice de leur tranquillité aux intérêts financiers. À Venise, plus que n'importe où ailleurs, on est frappé par ce que Patrick Deville appelle « la déréalisation du monde, le refus de l'histoire et de la géographie ». Le touriste n'est plus qu'un consommateur parmi d'autres qui veut « faire » Venise et ramener de son voyage des autoportraits pris avec une perche où la ville n'est qu'un décor d'arrière-plan. Nous sommes condamnés à vivre dans l'empire du même, à manger dans des restaurants identiques, à arpenter les mêmes boutiques sur tous les continents. En trente ans, la population de Venise a été réduite de moitié. Les appartements, ici, sont mis en location pour les voyageurs de passage. Ils sont vingt-huit millions chaque année. Les Vénitiens, eux, sont comme des Indiens dans une réserve, derniers témoins d'un monde en train de mourir sous leurs yeux.

Je marche au milieu de la foule. Je comprends qu'il me suffit d'être là, de me laisser happer par le présent. Je me sens heureuse, étonnamment sereine. Je n'existe plus au milieu de cette multitude venue du monde entier. J'ai l'impression de disparaître, de me dissoudre dans la foule et c'est une sensation délicieuse. Dans *Le Peintre de la vie moderne*, Baudelaire décrit cette sensation à travers la figure de Constantin Guys, « un peintre très voyageur et très cosmopolite ». « La foule est son domaine, comme l'air est celui de l'oiseau, comme l'eau celui du poisson. Sa passion et sa profession, c'est d'épouser la foule. Pour le parfait flâneur, pour l'observateur passionné, c'est une immense jouissance que d'élire domicile dans le nombre, dans l'ondoyant, dans le mouvement, dans le fugitif et l'infini. Être hors de chez soi, et pourtant se sentir partout chez soi ; voir le monde, être au centre du monde et rester caché au monde. »

Lors d'un voyage en Inde, j'avais déjà expérimenté cette attention aiguë au présent, cet être-là. Je me souviens que mes accompagnateurs n'arrêtaient pas de me demander mes impressions. Ils voulaient savoir ce que je ressentais, ce que je comprenais du paysage qui s'offrait à moi. Comment je trouvais les gens, si j'étais choquée ou au contraire éblouie par ce spectacle si différent de mon quotidien. Mais je ne disais rien. J'étais incapable de faire, comme ils l'attendaient, des commentaires sur la misère ou la saleté des rues. Ils ont peut-être pris mon silence pour de la bêtise ou de l'indifférence. Dans certains lieux, des lieux saturés de mots, de significations, des lieux où vous vous sentez enjoint de ressentir telle ou telle émotion, le silence est la meilleure parade. C'est dans cet état d'esprit que je traverse Venise. Un soleil rasant, aux tons orangés, fait briller les façades des palais. Je parcours la ville en silence, j'en fais une expérience purement intérieure. Pour en apprécier la splendeur, je ne cherche ni à l'exprimer ni à la capturer avec mon appareil photo.

Je m'assois à la terrasse d'un restaurant. Je commande des sardines, des pâtes à la courge, une escalope milanaise et de petites palourdes au persil et à l'ail. Je bois un verre de vin rouge. Je voudrais entamer une conversation avec la femme qui me sert et dont les grands yeux tristes sont cerclés de cernes violets. Je voudrais lui dire que je m'apprête à être enfermée et que pour une fois je n'ai pas peur. Moi, c'est le dehors qui me fait peur. Ce sont les autres, leur violence, leur agitation. Je n'ai jamais eu peur de la solitude. Et puis de quoi devrais-je avoir peur dans un musée désert ? D'un gardien psychopathe ? Des fantômes ? Ce serait une aubaine s'ils acceptaient de paraître devant moi. Pour un romancier, quel rêve de dialoguer avec les esprits. Quelle chance ce serait si des revenants venaient me chuchoter des choses à l'oreille. Sur cette terrasse où je commence à avoir froid, je me mets à imaginer que, cette nuit, mes disparus me rejoindront.

Je marche dans des ruelles étroites et obscures. Au-dessus de moi, un ciel alourdi d'étoiles. À Venise, la nuit est opaque et c'est une anomalie dans cette époque où tout est éclairé, transparent, où le souci de sécurité l'emporte sur le charme des ruelles sombres. Les grandes villes, aujourd'hui, sont dépouillées de ciel nocturne. Sur la terrasse d'un restaurant, des couples profitent de la douceur de cette nuit d'avril. La Dogana n'est plus très loin. Je n'entends que le bruit de mes chaussures sur le pavé et celui des vaguelettes qui tapent contre les bateaux amarrés. Je suis une jeune fille qui entre au couvent.

Je sonne à la porte du musée. J'attends longtemps, je songe qu'on m'a peut-être oubliée, que je suis en retard. Je m'apprête à rebrousser chemin quand un homme ouvre la porte. « Je suis Leïla. Je suis l'écrivain qui doit dormir ici. »

Il rit. Il a l'air de trouver la situation un peu absurde. Il me fait signe d'entrer et la lourde porte se referme derrière moi.

Le gardien me fait faire une rapide visite du musée. Il ne parle pas français, je ne parle pas l'italien mais nous nous comprenons. À droite, il m'indique les toilettes et à gauche la cafétéria et la petite boutique qui contient de nombreux livres sur Venise et l'art contemporain. Il me tend un fascicule, sur lequel figure le plan du musée.

Vue du ciel, la Douane de mer ressemble à un bateau brise-glace, avec sa proue pointue et ses imposants entrepôts, dessinés au XVIIe siècle par Giuseppe Benoni. On dirait que le bâtiment va se mettre à glisser sur l'eau, qu'il va se mouvoir, se faire bateau, caravelle, voilier aux mains d'un équipage en mal d'aventures. À l'intérieur, l'ancien et le neuf s'entremêlent. Tadao Andō, l'architecte japonais qui en a dirigé la réhabilitation, a fait le choix de préserver les matériaux originels de l'édifice. Les hauts murs ocre en trachyte — pierre typique des rues de Venise — sont couverts de salpêtre. La maçonnerie a été reprise selon la technique du « *scuci-cuci* » (coudre/découdre) qui consiste à remplacer une brique endommagée par une brique de récupération. Ainsi, sur ces murs, se mêlent de manière absolument indistincte le passé et le présent, l'antique et le moderne, les cicatrices et la jeunesse. La toiture d'origine a elle aussi été restaurée et percée de lucarnes pour laisser entrer la lumière naturelle dans le musée. Au-dessus de moi, j'aperçois l'imposante charpente en bois.

L'ensemble, d'une superficie totale de cinq mille mètres carrés, donne une impression d'austérité, de vide. À l'intérieur de ce triangle isocèle de cent cinq mètres de côté, l'espace est divisé en neuf nefs de dix mètres de large. Les pièces les plus imposantes se trouvent au centre : une grande salle carrée, aux parois de béton, matière chère à l'architecte japonais. J'imagine sans peine l'époque où ce bâtiment servait de douane pour les marchandises arrivées par la mer. J'entends le bruit des cargaisons qu'on déverse, les cris des hommes qui travaillent à peser, contrôler, emballer. Je vois les bateaux, immenses caravelles, accoster ici, le ventre plein d'épices, de tissus précieux et de denrées exotiques. Le bâtiment est vivant, rongé par la nature, les briques sont recouvertes de sel. Par endroits, sur le mur, ont poussé des fleurs blanches. C'est comme si j'étais au cœur d'un organisme vivant. Que j'avais été avalée par une baleine.

Le gardien me sort de ma rêverie. Il a l'air pressé de retrouver le confort de son bureau et me fait signe de le suivre dans l'imposant escalier en béton. La rampe en verre se poursuit par une espèce de coursive et nous atteignons le premier étage. Il se divise en salles plus petites dont la plupart comportent une fenêtre d'où l'on aperçoit l'eau stagnante du canal. Ils ont installé mon lit dans une salle où sont exposées des photographies de l'Américaine Berenice Abbott. C'est un petit lit de camp dont la couleur orange rappelle celle des murs.

Le gardien me lance un regard amusé. « C'est bon ? »

Je hoche la tête et je répète : « Oui, *grazie, grazie*, merci beaucoup. »

« *Buona notte* », dit-il avant de disparaître.

J'ai trop mangé et trop bu. Je me suis comportée de façon absurde. Je me suis empiffrée, comme si j'avais peur de manquer. Comme si je partais pour longtemps. J'ai envie de vomir. Le vin m'a donné sommeil. Cette escalope milanaise était vraiment une mauvaise idée. Je m'allonge sur le lit étroit et inconfortable. C'est donc là-dessus que je devrai faire ma nuit, comme on le dit des nourrissons ? Moi qui avais peur de ne pas fermer l'œil, je me sens tout engourdie. J'aimerais tellement fumer une cigarette. J'en sors une du paquet, je tire un briquet de ma poche et, pendant quelques minutes, je ne pense plus qu'à cela. Dans les chambres d'hôtel du monde entier, il est devenu impossible de fumer. Les fenêtres ne s'ouvrent plus. En Asie, aux États-Unis, j'ai dormi dans des chambres au trentième étage dont les fenêtres sont striées de minces rayures pour empêcher qu'on ait le vertige en regardant l'interminable jungle de routes à deux voies et de gratte-ciel. On y a des vues à couper le souffle sur des horizons noirs de suie mais il est impossible de respirer l'air du dehors. Parfois, quand je suis en voyage, je tente des subterfuges. J'entrouvre un vasistas dans une salle de bains, je me mets debout sur la cuvette des toilettes ou à genoux sur le rebord d'une fenêtre. Je passe le bras dehors, je tends les lèvres et ce qui devrait être un plaisir, coupable certes mais un plaisir quand même, se révèle une acrobatie où je me sens terriblement ridicule. Une fois, à Zagreb, une femme s'est mise à m'observer alors que je fumais une cigarette à la fenêtre. Elle se trouvait dans un appartement du rez-de-chaussée et elle a appelé son mari puis m'a montrée du doigt. Leurs enfants les ont rejoints et tous me fixaient sans que je comprenne pourquoi. Pendant les trois jours que j'ai passés dans cette chambre, chaque fois que j'allais fumer une cigarette, l'étrange famille réapparaissait et m'observait avec méfiance. J'ai pensé écrire une nouvelle là-dessus. J'ai dû prendre cette idée en note quelque part et un jour, dans un carnet, je me demanderai sans doute ce que veulent dire ces mots : « La cigarette à la fenêtre, famille étrange, nouvelle dans une veine fantastique. »

Évidemment, dans un musée, même pas la peine d'y penser. Ici, pas de fenêtres qui s'ouvrent, des détecteurs de fumée partout et puis surtout des caméras. Peut-être le gardien du musée est-il en train de m'observer dans la salle de contrôle, sur un écran de surveillance. Il doit me trouver risible, assise sur mon lit de camp, ma veste sur le dos. J'aimerais bien aller le voir, l'interroger sur sa vie de gardien de musée, sur sa vie tout court. En fait, ça m'intéresserait beaucoup plus de savoir ce qu'il pense de ces œuvres qu'il est chargé de surveiller que ce que j'en pense moi.

Dans quel piège suis-je encore allée me fourrer ? Pourquoi ai-je accepté d'écrire ce texte alors que je suis intimement convaincue que l'écriture doit répondre à une nécessité, à une obsession intime, à une urgence intérieure ? D'ailleurs, quand les journalistes me demandent pourquoi j'ai choisi tel sujet pour mon roman, je me trouve toujours en peine de répondre. J'invente quelque chose, un mensonge crédible. Si je leur disais que ce sont nos sujets qui nous choisissent, et pas l'inverse, ils me prendraient sans doute pour une snob ou une folle. La vérité, c'est que les romans s'imposent à vous, ils vous dévorent. Ils sont comme une tumeur qui s'étend en vous, qui prend le contrôle de tout votre être et dont vous ne pouvez guérir qu'en vous abandonnant. De la beauté peut-elle surgir d'un texte qui ne vient pas de nous ?

« Dormir dans un musée. » Un de mes amis s'est moqué de l'exercice auquel je vais me prêter. Je ne crois pas être susceptible mais je suis très sensible aux critiques que l'on peut faire sur mon travail, sur ma manière de penser, sur les projets que j'accepte et la façon dont je les mène à bien. Cet ami le sait et il m'a demandé à quoi ça pouvait bien servir, ce que j'allais pouvoir raconter et il avait l'air content quand je me suis mise à bafouiller des justifications un peu vaseuses. « C'est une sorte de performance. Une expérience existentielle. » J'ai inventé n'importe quoi, essayé de donner du sens à un choix qui, déjà, n'en avait plus. « Il n'y a pas plus intéressant pour un écrivain que d'aller dormir dans un musée, franchement ? Les écrivains seraient plus utiles dehors, à raconter le monde, à donner une voix aux gens qu'on n'entend jamais. Je vais être honnête avec toi : cette histoire de nuit au musée, je trouve ça assez snob. »

Je me demande ce que je suis censée faire. Me promener dans les allées ? Aller voir chaque œuvre, essayer d'en tirer quelque chose, de ressentir quelque chose ? Cette obligation me glace, elle me fige et dans l'état de fatigue où je suis je n'ai qu'une envie, me coucher et rêver. Mais ce n'est pas une chambre d'hôtel, me dis-je. Je me redresse, j'écarquille les paupières. Il faut être raisonnable. Tu ne vas pas te coucher à peine arrivée ! Tu crois peut-être que tu es là pour dormir ? Tu as quelque chose à faire, un texte à écrire.

J'admire les gens qui disent : « Je n'ai peur de rien. » Je suis fascinée par ceux qui font preuve de courage physique et moral, ceux qui ne craignent pas le conflit, qui ne se mettent pas à courir en pleine rue en proie à une panique irrationnelle. Moi qui suis si peureuse, je me sens protégée dans ce lieu, dans ce sanctuaire. J'aime être enfermée dans le noir d'une salle de cinéma. Je n'ai pas peur dans les bibliothèques, dans les librairies, dans les petits musées de quartier où l'on va moins pour la qualité de l'exposition que pour trouver un lieu où se réchauffer. Le reste du temps, j'ai peur. Peut-être est-ce dû au fait que j'ai été élevée par une mère inquiète dont le mot d'ordre était : « Attention ! » Une mère qui voyait le risque partout : tomber, se faire mal, attraper la mort ou attirer un prédateur. À l'époque, je lui en voulais d'être si angoissée.

J'avais le sentiment qu'elle m'empêchait de vivre. Et quand j'ai eu des enfants, je me suis repentie de ces pensées. J'ai compris cette terreur qui vous saisit et vous paralyse. Il m'arrive de rêver que j'enferme mes enfants sous un bocal de verre qui les protégerait de tout, qui les rendrait invincibles, inaccessibles aux drames et aux dangers.

À Paris, la pièce qui me sert de bureau est petite et sombre, étroite comme un nid. J'aime écrire la porte fermée, les rideaux tirés. Beaucoup de mes amis écrivains — surtout des hommes, d'ailleurs — me racontent que l'écriture est, pour eux, indissociable de la course ou de la marche. Ils font du jogging en forêt, sur les boulevards ou des promenades de fin de journée. C'est un thème classique de la littérature, de Montaigne à Murakami en passant par Jean-Jacques Rousseau. Je ne suis pas sûre de savoir marcher comme ça. Je n'ai rien d'une flâneuse qui erre le cœur léger, sans s'inquiéter d'un but à atteindre ou des gens qu'elle croiserait. J'ai peur des hommes qui pourraient me suivre. Les joggeurs me font sursauter. Je me retourne souvent quand j'entends des pas derrière moi. Je ne m'aventure pas dans les rues que je ne connais pas. La première fois que j'ai pris le RER à Paris, l'homme assis en face de moi a dégrafé son pantalon et s'est masturbé en me fixant du regard. Un autre a coincé son pied dans la porte de mon immeuble, un soir tard, et je ne dois mon salut qu'à un voisin arrivé en même temps que moi. Pendant longtemps, j'ai rêvé d'être invisible. J'imaginais des stratagèmes et j'enviais les garçons qui ne connaissaient pas ces peurs-là. Si je reste cloîtrée, si j'évite le dehors, c'est peut-être moins pour écrire qu'à cause de ma terreur. Souvent, je me suis demandé à quoi aurait ressemblé ma vie si je n'avais pas eu peur. Si j'avais été une intrépide, une courageuse, une aventurière capable d'affronter les dangers. « Nous sommes du sexe de la peur », écrit Virginie Despentes dans *King Kong Théorie*.

Dans ce musée, je n'ai pas peur mais je me sens mal à l'aise, gourde. Je vois bien que je dérange, que je n'ai rien à faire là, que je trouble le repos de quelqu'un ou de quelque chose. Peut-être que, comme dans les contes pour enfants, les objets prennent vie une fois que la nuit tombe et qu'il n'y a plus personne pour les observer. Alors, les œuvres s'étirent et se meuvent, les fantômes sortent des sculptures qu'ils ont inspirées, les personnages de fiction en viennent à exister. Mais je suis là, témoin gênant, présence encombrante et pataude, et la grande parade nocturne ne peut pas avoir lieu. J'enlève mes chaussures car le bruit de mes talons contre le sol me dérange. Je voudrais me faire toute petite.

Pieds nus, je décide de me promener dans le musée, de faire le parcours que ferait un visiteur lambda qui arriverait au comptoir, achèterait un ticket et qui, consciencieusement, observerait les œuvres, déchiffrerait les cartouches explicatifs et tenterait de saisir ce que les artistes ont à dire. Je ne connais pas grand-chose à l'art contemporain. L'art, contrairement aux livres, a fait une entrée tardive dans ma vie. Chez ma grand-mère, les murs étaient encombrés de croûtes d'un goût douteux. Des natures mortes tristes à mourir, des bouquets de fleurs aux couleurs passées et puis surtout, un portrait grandiloquent de mon grand-père en uniforme de spahi, au-dessus de la cheminée. Mes parents, eux, s'intéressaient aux peintres contemporains marocains. Je me souviens des personnages naïfs de la peintre Chaïbia ou des œuvres d'Abbès Saladi, dont les créatures monstrueuses à tête d'oiseau ou de cheval ont hanté mes cauchemars d'enfant. Mon père peignait lui aussi et à la fin de sa vie, alors qu'il ne travaillait plus et qu'il était sujet à la mélancolie, il a peint quelques très belles toiles. Des ciels noirs, déchirés par l'orage. Des déserts de pierres, écrasés de chagrin.

Après la prison, il a peint des personnages à tête de scaphandre. J'ai une photographie de lui, assis par terre dans l'atelier d'un ami. Il a les doigts couverts de peinture rouge, son visage est tourné vers l'objectif et il a l'air heureux. Mais je ne crois pas que nous ayons jamais parlé d'art ensemble.

Dans les années 1980, il n'y avait pas de musée à Rabat. Enfant, je n'ai jamais visité une exposition et le milieu de l'art me paraissait réservé à une élite, celle d'un autre monde. À cette époque, l'art était encore regardé à travers un prisme très occidental et ces peintres marocains que mes parents aimaient n'avaient pas la visibilité qu'ils ont acquise dans les années 2000, avec la vogue de l'art africain. Des grands tableaux, des sculptures célèbres, je n'avais vu que des reproductions dans mes livres d'histoire ou dans des fascicules de musée que mes parents avaient pu rapporter de l'étranger. Je connaissais les noms de Picasso, de Van Gogh ou de Botticelli mais je n'avais aucune idée de ce que l'on pouvait ressentir en admirant leurs tableaux. Si les romans étaient des objets accessibles, intimes, que j'achetais chez un bouquiniste près de mon lycée et dévorais ensuite dans ma chambre, l'art était un monde lointain, dont les œuvres se cachaient derrière les hauts murs des musées européens. Ma culture tournait autour de la littérature et du cinéma et c'est peut-être ce qui explique que j'ai été si jeune obsédée par la fiction.

Les premières fois que je me suis rendue dans un musée après mon installation à Paris, j'étais impressionnée, un peu mal à l'aise. Exactement comme au théâtre, autre expérience rare au Maroc et qui nécessite un peu d'habitude, je crois, pour être appréciée. Dans les musées, j'observais les autres. Quand ils s'attardaient devant une toile, je restais longtemps moi aussi puisque je supposais qu'elle était plus importante que les autres. En bonne élève, je lisais tous les cartouches, j'essayais de retenir le titre du tableau, le nom de l'école à laquelle ce peintre appartenait. Je me demandais si moi aussi, un jour, je pourrais dire des phrases comme : « Quel coloriste ! » ou « Quelle maîtrise de la perspective ! » Lorsque j'avais vingt-cinq ans, j'ai fait un voyage en Italie avec un ami qui avait étudié aux Beaux-Arts. Il m'a accompagnée à la galerie des Offices que je visitais pour la première fois et devant chaque tableau je prenais une mine recueillie, sage comme une première communiante, le dos courbé devant tant de beauté et de talent. Mon ami s'est moqué de moi. De cette déférence un peu idiote, de l'absence totale de liberté et d'esprit critique dont je faisais preuve. « Ne prends pas cet air soumis, m'a-t-il dit. Va vers ce qui te plaît, ce qui t'émeut. » Depuis, j'ai eu la chance de visiter de nombreux musées et j'ai essayé d'appliquer les conseils de mon ami. Je voudrais être une visiteuse hédoniste, ne me laisser guider que par mon goût personnel et par mes émotions. La vérité, c'est que cette impression de malaise ne s'est pas totalement dissipée. Les musées continuent de m'apparaître comme des lieux écrasants, des forteresses dédiées à l'art, à la beauté, au génie et où je me sens toute petite. J'y éprouve un sentiment d'étrangeté, une distance que je cherche à cacher derrière une fausse nonchalance. Le musée reste pour moi une émanation de la culture occidentale, un espace élitiste dont je n'ai toujours pas saisi les codes.

Je reprends ma marche dans la Punta della Dogana, le fascicule à la main. L'exposition présentée ici s'intitule *Luogo e Segni*, « Lieu et signes ». Elle rassemble trente-six artistes dont les œuvres interrogent le rapport de l'homme à la nature, la capacité de l'artiste à saisir la poésie du monde, à révéler la mémoire des objets et la présence, parmi nous, des fantômes et des morts. Les deux commissaires de l'exposition ont aussi voulu souligner les liens entre les artistes eux-mêmes, et la façon dont ils se côtoient, s'inspirent, s'aiment. Une figure plane au-dessus de toutes les autres, c'est celle de la peintre et poétesse libanaise Etel Adnan, dont des œuvres sont présentées dans plusieurs salles et dont on peut entendre les poèmes, lus par Bob Wilson. Née à Beyrouth en 1925, Etel Adnan étudie à Harvard puis s'installe en Californie. Ses premiers livres,

Apocalypse arabe ou *Sitt Marie Rose*, en font une figure majeure du pacifisme et de la lutte contre les guerres du Liban puis du Vietnam. Je l'ai découverte il y a presque dix ans grâce à une interview dans un grand quotidien. À l'époque, j'avais été bouleversée par la sagesse de ses propos, par la profondeur dont elle faisait preuve dans la description de son travail de plasticienne et d'écrivain. Héritière de la grande tradition arabe, elle voyait l'écriture et la peinture comme deux disciplines sœurs, se nourrissant l'une l'autre. Ses tableaux, des paysages abstraits aux couleurs vives, aussi purs que des visions d'enfance, m'avaient charmée par leur intense beauté. Elle les peignait en observant les collines, par sa fenêtre en Californie. Ou elle invoquait un souvenir enfoui, une enfance en Grèce, au Liban et elle tentait de redonner vie à une mère disparue, à des êtres aimés. Ce qui m'avait marquée aussi, c'était ce qu'elle disait sur l'identité. Comme moi, elle a grandi dans un pays arabe, au sein d'une famille francophone. Elle est ensuite devenue une immigrée aux États-Unis. Toute sa vie, elle a vécu dans le pays des autres. De cette langue arabe, à la fois si familière et si farouchement étrangère, elle disait : « Je me suis retrouvée à la porte de cette langue. J'ai beau la parler dans la rue, je serais incapable de l'utiliser pour écrire un poème. Je l'ai donc érigée en mythe ou en une sorte de paradis perdu si vous voulez. »

Sur le mur qui me fait face, je remarque un alignement de panneaux de couleur sombre. Je lis que ces « photogrammes » ont été réalisés en exposant des papiers photosensibles à la lumière de la lune. Je m'approche, je les contemple longuement et ne vois rien d'autre que de grands panneaux sombres. Plus loin, un bloc de marbre contient lui aussi un fragment de lune puisqu'il a été exposé à la lumière de l'astre une nuit d'août 2019. Sur le sol, il y a un ballon blanc. Un simple et banal ballon comme ceux que je gonfle pour les fêtes d'anniversaire de mes enfants et que je m'amuse ensuite à éclater avec le bout d'une épingle. Le ballon contient le souffle de deux artistes et doit sans doute se comprendre comme une métaphore de l'amour et du temps qui passe. Mais je ne vois qu'un bloc de pierre et un ballon en caoutchouc. Je ne perçois rien derrière la trivialité de l'objet et je m'en veux un peu. Je suis sans doute bête. Ou bien c'est l'escalope milanaise qui me pèse sur l'estomac et m'empêche de faire le moindre effort de réflexion. Dans une des salles, le sol est recouvert d'une sorte de poudre pailletée. Si je me baissais et que je soufflais dessus, est-ce que quelqu'un le remarquerait ? J'imagine visiter cette salle avec mon fils qui ne manquerait pas de vouloir imprimer la marque de sa chaussure sur le sable irisé.

Je ne ferai pas à ces artistes de faux procès en imposture ou en escroquerie. Je ne peux prétendre émettre un jugement qui ait un réel intérêt. Et puis, je ne serais pas la première à me lancer sur cette pente-là. Quoi de plus banal que d'attaquer les œuvres dites conceptuelles ? C'est peut-être idiot, c'est peut-être lié au fait que je suis écrivain et que tout livre est synonyme d'un combat, d'un temps long, d'un dépassement de soi, mais la simplicité de certaines œuvres me désarçonne.

Marcel Duchamp disait que c'est le regardeur qui fait l'œuvre d'art. Si on le suit, ce n'est pas l'œuvre qui n'est pas bonne ni intéressante. C'est le regardeur qui ne sait pas regarder. « Par spectateur, je n'entends pas seulement le contemporain, mais j'entends toute la postérité et tous les regardeurs d'œuvres d'art qui, par leur vote, décident qu'une chose doit rester ou survivre parce qu'elle a une profondeur que l'artiste a produite, sans le savoir. L'artiste aime bien croire qu'il est complètement conscient de ce qu'il fait, de pourquoi il le fait, de comment il le fait, et de la valeur intrinsèque de son œuvre. À ça, je ne crois pas du tout. Je crois sincèrement que le tableau est autant fait par le regardeur que par l'artiste », le cite Yves Michaud dans *L'Art à l'état gazeux*. Ce n'est donc pas l'objet qui compte mais l'expérience qui en résulte. C'est par la magie du regard, par l'interactivité, qu'un objet devient une œuvre d'art. Soit. Mais c'est précisément parce que l'art peut être partout, dans un urinoir ou une pelle à tarte, que les artistes contemporains et le monde qui gravite autour sont aussi jaloux de leur travail. Cette insularité les protège d'un risque évident de dilution voire de ridicule. Moins l'œuvre en elle-même est le produit d'une technique ou d'un travail complexe et plus on a besoin de créer ce cercle de « connaissants » qui valident : oui, c'est bien de l'art. Et si je me retrouvais un jour admise dans ce cercle confidentiel, si j'étais initiée à mon tour, je finirais peut-être par dire moi aussi : « Non, ce n'est pas un simple ballon, abruti. C'est de l'art ! »

Je m'assois sur un banc en pierre, à côté de l'entrée du musée. J'observe ces pièces immenses et froides et la tristesse m'envahit. Je me sens comme dans une fête où je n'aurais rien à faire et où personne ne me connaîtrait. Pendant un instant, je suis si abattue que je songe à monter les escaliers en courant et à m'allonger sur mon lit de camp. Je me cacherais dans mon sac de couchage, je ne verrais pas défiler les heures de la nuit et mon angoisse pourrait se dissoudre dans le sommeil.

Mais je me lève et je traverse une salle au milieu de laquelle pend un long rideau en billes de plastique rouge. Comme un écoulement de sang du plafond vers le sol. Une pluie de larmes, une hémorragie, un coucher de soleil. Je passe puis repasse au travers. Les billes, lorsqu'on les agite, font un bruit de clochettes. Il y avait un rideau comme celui-là chez l'épicier où ma petite sœur et moi achetions des caramels fourrés au chocolat. Je tends les bras, je m'enroule dans les longs filaments rouges qui me caressent le visage et se mêlent à mes cheveux. Il suffirait que je tire un peu sur un de ces fils et il se briserait entre mes mains. J'entendrais alors les billes rouler à terre comme cela arrive quand un collier se casse et que les perles se répandent sur le sol. Combien de temps faudrait-il pour que le gardien surgisse en courant ? Il serait sans doute désemparé, au milieu de la nuit, face à une écrivaine prise en flagrant délit de vandalisme.

Le Rideau est une œuvre de Felix González-Torres, mort du sida en 1996. Je prends un peu de champ et j'observe la grande salle à travers le chatoiement de rouge. Je vois se répandre le liquide chaud et la maladie s'inviter dans ma vie, sans que je puisse rien faire. Depuis toujours, je suis obsédée par le corps, que je porte comme un fardeau. Ce corps qui m'empêche, qui me rend vulnérable, ce corps dont j'ai le sentiment qu'il conspire en secret contre moi. Peut-être que mon sang est vicié lui aussi. Je l'ignore et pourtant, à l'intérieur de moi, se prépare sans doute un désastre contre lequel je ne peux rien. Je pense : mon corps aura ma peau et je ris toute seule dans la salle si vide que j'entends mon écho. C'est étrange mais le visage d'Adèle, l'héroïne de mon premier roman, me vient à l'esprit. Adèle qui aime qu'on la maltraite, qu'on pousse son corps à bout, qu'on lui inflige des coups pour sentir, enfin, quelque chose. Elle perçoit le monde à travers un rideau de sang mais personne ne le voit comme elle. Très jeune, j'ai perçu ce que Kundera appelle « la monotonie de la vie corporelle ». La tristesse de nos fonctions organiques, la laideur de la chair nue, l'impuissance à laquelle nous réduit la maladie, tout cela n'a cessé de m'obséder et occupe une place centrale dans mon travail.

Je n'ai pas peur de la mort. La mort n'est rien d'autre qu'une solitude aboutie, entière, absolue. C'est la fin des conflits et des malentendus. C'est le retour, aussi, à la vérité des choses, au dénuement. Ce que je crains, c'est la résistance du corps. La déchéance. La douleur qui ronge les chairs. Vieux et malade, l'esprit torturé par les incessantes disputes avec sa femme, Tolstoï s'est évadé de la célèbre maison d'Iasnaïa Poliana, à laquelle son œuvre entière est associée. Il est parti pour une destination inconnue et il est mort dans la chambre du chef de gare du bourg d'Astapovo. Son corps fut expédié à sa famille dans une caisse en bois sur laquelle on avait inscrit ces simples mots : « Contenu : cadavre. »

Sur le mur de cette salle sont accrochées des barres en métal, une œuvre de Roni Horn, sur lesquelles on peut lire des poèmes d'Emily Dickinson, que l'on appelait la « reine recluse » car elle vécut pendant des années dans un immense isolement, refusant de fréquenter le monde et de publier ses œuvres.

Moi qui rêvais d'être enfermée. Ne plus vivre que là, dans ces quelques mètres carrés, dans les livres, les mots, dans l'odeur de mes rêves. Imposer mon tempo. Être résolument libre.

> *They shut me up in Prose*
> *As when a little Girl*
> *They put me in the Closet*
> *Because they liked me still*

Ils m'enferment pour que je reste calme, écrit Emily Dickinson.

C'est comme ça qu'ils m'aiment : calme, tranquille, prévisible.

Roni Horn était une amie de Felix González et le but de l'exposition est aussi de mettre en scène ces amitiés artistiques. Ensemble, ils visitaient des musées, se promenaient pendant des après-midi entières. Dans le « cube », monumentale pièce en béton imaginée par Tadao Andō, sont exposés de grands blocs en verre, une œuvre de Roni Horn intitulée *Well and Truly*. Ces blocs ressemblent à d'énormes bonbons à la menthe, à des icebergs qu'une main humaine aurait modelés. À de l'eau vive qu'un mage aurait pétrifiée. Il fait nuit à présent. Et les cubes ne sont plus éclairés que par une lumière artificielle qui leur donne une aura irréelle. Selon que l'on se penche ou que l'on se tient debout, l'éclat de la surface polie prend des teintes mauves ou bleutées. Si je les touchais ils pourraient à nouveau devenir liquides, ma main s'y enfoncerait, une flaque se formerait sur le sol et je pourrais m'y baigner. Ils réalisent, de manière troublante, mélancolique, ce fantasme de s'emparer de l'insaisissable. De se faire illusionniste. L'eau, la neige, le vent ne tiennent pas au creux de la main. Aussi fort qu'on veuille les saisir, ils restent rétifs à notre volonté de les emprisonner. C'est assez semblable à l'expérience que fait tout écrivain lorsqu'il commence un roman. Au fur et à mesure qu'il avance, un monde se crée mais l'essentiel demeure inaccessible comme si en écrivant on renonçait en même temps, chaque fois, à ce que l'on voulait écrire. L'écriture est l'expérience d'un continuel échec, d'une frustration indépassable, d'une impossibilité. Et pourtant, on continue. Et on écrit. « Garder courage, en sachant au préalable qu'on sera vaincu et aller au combat : c'est ça la littérature », disait l'écrivain chilien Roberto Bolaño. Souvent, on me demande ce que peut la littérature. C'est comme demander à un médecin ce que peut la médecine. Plus on avance et plus on mesure notre impuissance. Cette impuissance nous obsède, nous dévore. On écrit en aveugle, sans comprendre et sans que rien soit explicable.

Au centre du musée, se dressent de grands monolithes noirs, éclairés de l'intérieur. À travers les vitres teintées de ces terrariums géants, on aperçoit les branches et les feuilles du galant de nuit appelé aussi « *mesk el arabi* ». Je marche entre ces terrariums comme dans une forêt de verre où la nature est tenue prisonnière. Je connais bien cet arbre. Au Maroc, c'est une plante familière, chantée par les poètes et tous les amoureux. Elle a pour particularité de dégager l'odeur la plus forte du règne végétal et, comme le datura, autre arbre qui enfant me fascinait, ses fleurs ne s'ouvrent que la nuit. Je songe que la nature a des tours étranges. Les fleurs n'apparaissent qu'une fois l'ombre venue, comme si l'arbre voulait préserver sa beauté, la garder secrète, ne pas l'exposer aux regards comme je rêve, moi aussi, de me tenir loin du monde. Son parfum est réservé aux heures nocturnes. Est-ce une façon de dialoguer avec les insectes de la nuit ? Est-ce parce que c'est dans le noir que les parfums révèlent le mieux leur puissance, leur profondeur ? Hicham Berrada, qui a conçu cette installation, a choisi d'inverser le cycle de la plante. Durant la journée, le terrarium reste opaque, le jasmin est plongé dans l'obscurité mais l'odeur embaume le musée. La nuit, au contraire, l'éclairage au sodium reproduit les conditions d'une journée d'été ensoleillée. Tout est inversé, sens dessus dessous, l'artiste là encore se fait démiurge, apprenti sorcier, illusionniste. Je pense à ce que Tchekhov dit des grands écrivains. Ce sont ceux qui font surgir la neige en plein été et qui décrivent si bien les flocons que vous vous sentez saisi par le froid et que vous frissonnez.

À Rabat, il y avait un galant de nuit près de la porte d'entrée de ma maison. En été, quand le soir tombait, nous gardions la fenêtre ouverte pour provoquer des courants d'air et mon père disait : « Vous sentez ? C'est le galant de nuit ! » Année après année, cela ne cessait de l'émerveiller. Il suffit que je ferme les yeux pour me souvenir de ce parfum entêtant et sucré. Les larmes me montent aux paupières. Les voilà, mes revenants. La voilà, l'odeur du pays de l'enfance, disparu, englouti.

Je m'appelle la nuit. Tel est le sens de mon prénom, Leïla, en arabe. Mais je doute que cela suffise à expliquer l'attirance que j'ai eue, très tôt, pour la vie nocturne. Le jour, chacun se comportait selon ce qu'on attendait de lui. On voulait sauver les apparences, se présenter sous les traits de la vertu, du conformisme, de la bienséance. À mes yeux d'enfant, les heures du jour étaient consacrées aux activités triviales et répétitives. C'était le territoire de l'ennui et des obligations. Puis la nuit arrivait. On nous envoyait nous coucher et je soupçonnais que, pendant notre sommeil, d'autres acteurs montaient sur scène. Les gens s'exprimaient d'une autre façon, les femmes étaient belles, elles avaient relevé leurs cheveux, elles montraient leur peau brillante et parfumée. Elles me semblaient fragiles, quand elles buvaient trop, quand elles riaient mais il émanait d'elles, aussi, une force invincible. Ces métamorphoses m'émerveillaient. Et quand j'ai eu l'âge de sortir, ou même un peu avant, une sorte de rage s'est emparée de moi. Une urgence, une faim qui m'enjoignaient de traverser la nuit moi aussi. Je ne voulais pas être une petite fille sage.

Le galant de nuit c'est l'odeur de mes mensonges, de mes amours adolescentes, des cigarettes fumées en cachette et des fêtes interdites.

C'est le parfum de la liberté. L'arbre était là, juste devant la porte en fer que je poussais, le plus doucement possible, pour aller retrouver mes amis. Je quittais la maison la nuit et rentrais au petit matin, accueillie par le même parfum. Puissant dans l'ombre, évanescent quand l'aube se levait. À l'adolescence, je découvrais les bars, les cabarets, les discothèques, les fêtes dans un cabanon sur la plage, les rues sombres et vides de ma capitale torpide. À une certaine heure de la nuit, les gentilles filles retournaient chez elles et les autres entraient en scène. À cette époque, les prostituées m'ont fascinée, troublée, bouleversée. Dans un cabaret, près de Mohammedia, des hommes gros et libidineux étaient assis devant une scène sur laquelle des femmes aux cuisses flasques dansaient. Les hommes les attiraient sur leurs genoux, leur servaient un verre de mauvais whisky et les embrassaient dans le cou. Je me souviens d'une femme qui s'est déshabillée devant moi dans les toilettes d'un bar à Tanger et qui riait de la méchanceté des clients et de leur bêtise.

J'étais grisée par ma liberté et, en même temps, j'avais peur. Je me disais que je serais punie de ne pas savoir me tenir à ma place. Que, s'il m'arrivait quelque chose, je l'aurais bien cherché. La nuit, quand les garçons s'amusaient à faire des courses de voitures à contresens sur l'autoroute entre Rabat et Casablanca, je pensais : « Tu ne dois pas mourir parce que ça tuerait maman. » Mais, comme Blanche dans *Un tramway nommé Désir*, j'ai pu compter souvent sur la bonté des inconnus. Un soir, dans un bar de Casablanca, j'attendais des amis et j'étais la seule fille. Le barman m'a dit qu'il fallait toujours s'asseoir au comptoir, le plus près possible du serveur. « Le secret, m'a-t-il confié, c'est d'avoir ton propre briquet. Si tu demandes du feu à un homme, il va croire que tu veux engager la conversation et il se sentira en droit de te draguer. Tu ne pourras plus t'en débarrasser. Alors si tu fumes, aie toujours un briquet. »

Ce monde a disparu. Et je ne veux pas le déflorer. Il deviendra un roman peut-être car seule la littérature pourrait faire ressurgir ces vies englouties. Cela fait vingt ans que j'ai quitté mon pays et j'éprouve une espèce de mélancolie, un sentiment de m'être éloignée à jamais des sensations de mon enfance.

« Je n'ai pas honte d'être comme je suis, je ne peux être différente de celle que j'ai toujours été, jusqu'à dix-huit ans je n'ai connu que l'appartement bien rangé de la bourgeoisie provinciale bien rangée, et l'étude, l'étude, la vie réelle se déroulait au-delà des sept murailles », dit Helena, l'héroïne de *La Plaisanterie* de Milan Kundera.

J'ai été élevée comme un animal d'intérieur. Je n'ai jamais pratiqué aucun sport. Je ne sais pas faire de vélo et je n'ai pas le permis de conduire. Enfant, je passais le plus clair de mon temps à la maison. J'étudiais. La ville de Rabat n'offrait pas beaucoup de loisirs et mes sœurs et moi nous distrayions en lisant ou en regardant des films. Ce n'était pas seulement la nuit qui était un territoire interdit, c'était le dehors. Les filles n'avaient rien à faire dans les rues, sur les places, dans les cafés dont les terrasses, je m'en souviens, n'étaient occupées que par des hommes. Une fille qui se déplaçait devait aller d'un point A à un point B. Sinon, c'était une traînée, une délurée, une fille perdue. Les dangers étaient nombreux : tomber enceinte, tomber amoureuse, voir ses résultats scolaires dégringoler par excès de sentimentalisme. On me décrivait une série de chutes plus vertigineuses les unes que les autres. Les filles étaient Ève pour l'éternité.

À l'adolescence, sont apparus rêves de fuite, désirs d'errance, de nuits sans chaperon et de rues où je serais une passante qui regarde les autres et qui est regardée. Parce qu'il m'était interdit, le mouvement est devenu pour moi synonyme de liberté. S'émanciper c'était fuir, sortir de cette prison qu'était la maison. Ne parle-t-on pas de « cellule » familiale ? Je ne voulais pas devenir « une femme d'intérieur ». En terminale, notre professeur de philosophie, qui aimait fumer en classe et donner des cours dans le jardin, nous avait expliqué qu'exister c'était à la fois sortir de soi et de chez soi. Il ne pouvait y avoir d'individualité, de liberté, sans arrachement. Il fallait fuir toutes les cases qui enferment en donnant l'illusion du confort. Il fallait se méfier de « l'embourgeoisement du cœur » ; préférer être un nomade, un errant, un voyageur compulsif. Moi, qui me contentais d'aller de l'école à la maison, de la maison à la ferme de mes grands-parents, je rêvais, avec un mélange de peur et d'excitation, à un lieu où je pourrais trouver ma place. Je voulais conquérir le dehors.

À présent, seule et pieds nus dans ce musée, je me demande pourquoi j'ai tant voulu être enfermée ici. Comment la féministe, la militante, l'écrivain que j'aspire à être, peut-elle fantasmer de quatre murs et d'une porte bien fermée ? Je devrais vouloir briser les cages, souffler sur les remparts jusqu'à les faire trembler et s'écrouler. Écrire ne peut consister seulement à se retirer, à se complaire dans la chaleur d'un appartement, à construire des murs en brique pour se protéger du dehors et ne pas regarder les autres dans les yeux. C'est aussi nourrir des rêves d'expansion, de conquête, de connaissance du monde, de l'Autre, de l'inconnu. Derrière une forteresse, que peut-on cultiver d'autre que de l'indifférence ? Avoir la paix est un fantasme égoïste.

« Quand Allah a créé la terre, disait mon père, il avait de bonnes raisons de séparer les hommes et les femmes [...]. L'ordre et l'harmonie n'existent que lorsque chaque groupe respecte les hudud. Toute transgression entraîne forcément anarchie et malheur.

Mais les femmes ne pensaient qu'à transgresser les limites. Elles étaient obsédées par le monde qui existait au-delà du portail. Elles fantasmaient à longueur de journée, elles se pavanaient dans des rues imaginaires. » C'est ainsi que commence *Rêves de femmes*, le livre que la sociologue marocaine Fatima Mernissi consacre à son enfance, dans un harem de la médina de Fès. Elle y raconte la claustration des femmes sous la surveillance d'un gardien qui portait un trousseau de clés à la taille et fermait tous les soirs la lourde porte en bois. On expliquait aux jeunes filles de cette époque que le monde était traversé par des frontières invisibles, les « hudud », et que toutes celles qui les franchiraient se rendraient coupables de jeter le déshonneur sur le clan.

Je n'ai pas grandi dans un harem et on ne m'a jamais empêchée de vivre ma vie. Mais je suis le produit de ce monde et mes arrière-grands-mères étaient des femmes qui croyaient à la nécessité de ces frontières. Elles ont rêvé sans doute, dans l'espace confiné qui était le leur, d'une vie plus vaste, plus ample. Ma grand-mère alsacienne, qui était un peu une anomalie au sein de la société marocaine, impressionnait par son désir d'aventure, par son courage, par sa ténacité. Je n'ai jamais subi ce que mes ancêtres ont subi, mais demeurait malgré tout, dans mon enfance, cette idée que les femmes étaient des êtres immobiles, sédentaires, qu'elles étaient plus en sécurité à l'intérieur qu'à l'extérieur. Elles valaient moins que les hommes. Elles héritaient moins qu'eux, elles étaient toujours la fille ou la femme de quelqu'un. On plaignait souvent mon père de n'avoir que des filles. Ma tante, à plus de soixante ans, n'osait pas fumer devant son frère. Car c'est bien connu, les femmes qui fument n'ont pas de vertu. Mes parents voulaient que nous soyons des femmes libres, indépendantes, capables d'exprimer des choix et des opinions. Mais ni eux ni nous ne pouvions être indifférents au contexte dans lequel nous grandissions et à ces « lois invisibles » qui régissaient l'espace public. Alors, ils nous incitaient à la prudence, à la discrétion quand nous franchissions les murs bienveillants de la maison.

Dans *L'Homme pressé*, de Paul Morand, le narrateur se parle à lui-même : « Pierre, réfléchis bien avant de t'endormir et avant de te réveiller propriétaire. Pierre, tu vas t'alourdir. Tu prends racine. Tu t'immobilises. Sache qu'il y a des escargots qui meurent écrasés par leurs propres coquilles. » Parce que j'étais une femme, j'ai toujours eu peur de la coquille qui m'écraserait. Peur de prendre racine. Je ne voulais pas être Pénélope, qui attend son amant voyageur. Il me semble que l'existence n'est rien d'autre qu'une entreprise de destruction de notre sauvagerie, une mise au pas, une altération des instincts. C'est ce qui explique peut-être mon obsession littéraire pour les affres de la vie domestique. Dans tous mes romans, les mères nourrissent, à un moment ou à un autre, de manière fugace et honteuse, le désir d'abandonner leurs enfants. Elles ont toutes la nostalgie de la femme qu'elles ont été avant d'être la mère de quelqu'un. Elles souffrent de devoir construire un nid, un lieu confortable et sûr pour leurs enfants, une maison de poupée dont elles seraient les souriantes prisonnières. Il faut être « là » pour eux, nous dit-on. Il faut « rester à sa place ».

Virginia Woolf est sans doute celle qui a le mieux compris à quel point la condition des femmes les contraignait à vivre dans une tension constante entre le dedans et le dehors. Il leur est refusé à la fois le confort et l'intimité d'une chambre à elles ainsi que l'ampleur du monde du dehors où se frotter aux autres et vivre des aventures. La question féminine est une question spatiale. On ne peut comprendre la domination dont les femmes sont l'objet sans en étudier la géographie, sans prendre la mesure de la contrainte qui est imposée à leur corps par le vêtement, par les lieux, par le regard des autres. En relisant son *Journal*, j'ai découvert que Virginia Woolf avait imaginé une suite à *Une chambre à soi*. Le titre provisoire en était : *The Open Door*, la porte ouverte.

Je m'assois sur mon lit de camp orange et j'observe la série de photographies qui me fait face : *Changing* New York. Elles sont signées Berenice Abbott, photographe américaine née en 1898 dans l'Ohio et devenue l'assistante de Man Ray. Dans les années 1920, elle vit à Paris où elle découvre le travail d'Eugène Atget dont elle achète les archives après sa mort. Ce dernier a passé des années à photographier les arrondissements de Paris avec l'ambition folle de constituer une documentation exhaustive sur cette capitale en pleine transformation. En 1929, Berenice Abbott retourne à New York. La ville qu'elle retrouve n'a plus rien à voir avec celle qu'elle a quittée. En quelques années, les immeubles du XIXe siècle ont été détruits pour laisser place au règne du verre et de l'acier. Peut-être a-t-elle alors ressenti ce que je ressens lorsque je rentre chez moi.

Cette impression étrange que le monde le plus intime, le plus familier, a continué de vivre en mon absence et qu'il s'est transformé. C'est à la fois une source d'éblouissement et l'impression désagréable d'une trahison.

L'artiste adopte une démarche profondément paradoxale : photographier le changement, saisir la transformation, imprimer des lieux en passe d'être engloutis. Comme Atget, elle veut figer par l'image un processus de mutation. Ce qu'elle photographie, c'est à la fois un monde qui meurt et un autre qui advient, presque par concomitance, par superposition. Sur les clichés qui me font face, les immeubles gris pâle sont comme des palimpsestes. Ils portent dans leur chair de béton les témoignages du passé. Je m'en approche. Où se niche-t-il ? Comment mettre en lumière la mémoire contenue dans chaque objet, même le plus banal, le plus insignifiant ? Tous les artistes réunis ici semblent obsédés par cette quête. Retrouver, dans le monde qui les entoure, la trace des fantômes et prouver ainsi que rien ne meurt jamais tout à fait. Que le monde est tout entier traversé de cicatrices. Tous ont l'ambition folle d'empoigner le mouvant.

Derrière la trivialité des objets, je cherche toujours ce qu'ils contiennent de prières et de souvenirs. J'aime les objets banals, kitsch, les petites choses moches que l'on garde malgré tout parce qu'elles nous rappellent un souvenir. J'aime les grigris, les amulettes. J'adore visiter des appartements d'écrivains ou de gens que j'admire. J'ai pleuré en voyant le samovar de Dostoïevski, la mèche de cheveux de Pouchkine ou le bureau de Victor Hugo. Ces témoins mutiques et immobiles me touchent et me rendent sentimentale. Cela fait vingt ans que j'ai quitté mon pays. Parfois on me demande ce que je pense de cet exil mais je refuse ce mot. Je ne suis pas exilée. On ne m'a pas forcée, je n'ai pas été poussée par les circonstances. J'ai trouvé à Paris ce que j'étais venue y chercher : la liberté de vivre comme je l'entendais, de m'asseoir pendant des heures à une terrasse de café pour y boire du vin, lire et fumer. Je suis une immigrée, une métèque au sens étymologique du terme puisque j'ai quitté ma cité pour une autre. Chaque fois que je retourne à Rabat, je ne peux que constater les transformations de ma ville. Les lieux où je me rendais petite ont pour certains disparu, se sont transformés pour d'autres. Sur les terrains vagues, ont poussé des immeubles et des maisons bourgeoises. Au bord du Bouregreg, les marécages qui attiraient les moustiques et les oiseaux ont été aménagés et le marchand de glaces a vendu sa boutique à une marque de téléphonie. Le restaurant italien où je dînais parfois avec mes parents est toujours là, dans une rue sombre du centre-ville. Le menu n'a pas changé et le serveur, très âgé, n'entend plus très bien.

Je n'ai gardé que peu de choses de cette époque. La chambre dans laquelle j'ai passé mon enfance a été vidée par d'autres que moi. Je n'ai rien récupéré ; ni mes cahiers, ni mes jouets, aucune photo, aucun vêtement. À l'époque, j'ai eu le sentiment qu'on avait profané mon passé, qu'on m'en avait dépossédée. Et puis, avec les années, j'ai ressenti un immense soulagement. Ces derniers mois, je me suis rendu compte que j'avais perdu des lettres, un stylo de mon père, une vieille bague. J'ai perdu l'accès à la boîte mail que j'utilisais et dix ans d'échanges se sont volatilisés. Sur une clé USB, j'avais enregistré quelques photographies de mon adolescence. Cette clé est introuvable. J'ai vidé tous les tiroirs de mon bureau, j'ai fait une crise de rage, j'ai même prié, comme me le conseillait ma grand-mère, saint Antoine de Padoue. Mais rien n'est réapparu. Une fois ma colère calmée, il m'a semblé que je m'étais délestée de quelque chose. Que le Dieu qui m'avait dérobé ces objets précieux m'avait en fait rendu service.

J'entre dans la salle contiguë où sont exposés de grands panneaux. *Api e petrolio fanno luce* a été réalisée à partir de la cire des cierges que les fidèles font brûler dans les églises de Rome. L'artiste, Alessandro Piangiamore, a fait fondre la cire qu'il a ensuite colorée et travaillée. La toile évoque un ciel d'orage en été, le défilement inquiet des nuages, la tempête prête à gronder. Elle est un entremêlement de blancs et de bleus, elle a des reliefs plus sombres, des creux emplis de lumière. De loin, on croirait que c'est de la peinture, et dès qu'on s'en approche, on perçoit la matière granuleuse et souple des bougies fondues. Si je tends l'oreille, peut-être entendrai-je les prières murmurées ? « Faites qu'il guérisse », « Faites qu'il m'aime à nouveau », « Seigneur, protégez mes enfants ». Combien de secrets, combien de souvenirs contenus dans ce tableau ex-voto ? Sa beauté m'apaise. Je voudrais gratter mes ongles contre la toile, sentir le contact de la cire comme lorsque enfant j'enfonçais les doigts sur une bougie allumée pour faire un moulage de mes empreintes digitales. Je voudrais croire, je voudrais prier. Mais je ne sais pas comment on fait. Je pense à ce qu'écrit Roland Barthes dans son *Journal de deuil* : « Je vis les hirondelles voler dans le soir d'été. Je me dis [...] quelle barbarie de ne pas croire aux âmes — à l'immortalité des âmes ! quelle imbécile vérité que le matérialisme ! »

Sous une vitrine, le leporello dessiné par Etel est intitulé *Dhikr*, que l'on peut traduire par « incantation ». À l'origine, les leporelli sont des petits livres, pliés en accordéon, sur lesquels les artistes japonais dessinaient à l'encre. Ici, Etel Adnan écrit, dans différentes couleurs, le même mot : Allah. Elle l'écrit, encore et encore, chaque fois qu'une bombe tombe sur Beyrouth. Comme un enfant qui prie sous les bombardements, comme un croyant qui s'accroche à sa foi quand le sens se dérobe, quand la violence dévore tout. Autour du mot sacré, elle dessine des demi-lunes et des étoiles, des constellations de toutes les couleurs, pour ouvrir un champ infini aux hommes écrasés par la guerre. Leur offrir une respiration.

Je m'assois sur le sol glacé et je ferme les yeux. Me reviennent en mémoire les appels à la prière, au milieu de la nuit, dans ma maison à Rabat. La voix du muezzin me réveillait à moitié, elle semblait toute proche et je savais que dans la maison, les autres habitants s'éveillaient aussi. J'imaginais les croyants sortir de chez eux, le visage tout ensommeillé, marcher dans les rues sombres et pénétrer dans la mosquée, leur tapis de prière sous le bras.

Me parviennent, lointaines, assourdies, les notes de la *Pathétique* de Tchaïkovski. Derrière une forêt de colonnes en brique, se trouve un écran. Une femme marche. Elle traverse les rues de Sarajevo assiégée pour rejoindre l'orchestre symphonique où elle est musicienne. On entend le bruit de ses talons contre le pavé et son souffle, lourd d'angoisse et d'impatience. Son souffle comme un métronome dans cette ville en guerre, cette cité qu'on asphyxie, dont on terrorise les habitants. Son torse se soulève. Elle s'arrête, empêchée par le danger qui vient. Elle traverse, en courant, des carrefours vides baignés de soleil. Elle croise des passants, à l'affût, inquiets. Ils sont habillés de noir et de gris. À l'époque, on déconseille de porter du rouge ou quelque couleur vive car elles vous exposent aux tirs des snipers. Voilà ce que fut aussi le blocus pour l'artiste Anri Sala : *1395 Days without Red*. Dans ce film, il fait renaître ces journées d'angoisse et il rend hommage à l'orchestre de Sarajevo qui, pendant le siège, a continué de jouer de la musique, faisant de leur art un outil de résistance, un cri d'humanité. Que reste-t-il, à Sarajevo, des traces de cette suffocation ? Peut-être est-ce cela la mission de l'artiste ? Exhumer, arracher à l'oubli, établir ce dialogue diabolique entre le passé et le présent. Refuser l'ensevelissement.

Dans un entretien avec Hans-Ulrich Obrist, Etel Adnan dit : « Il est très important de se souvenir activement, encore plus que par le passé où la mémoire se préservait elle-même. Nous vivions dans une ville où nous avions des bibliothèques, des musées, des amis. Il y avait déjà une mémoire dans ses pierres et chez les gens qui les connaissaient. Aujourd'hui, nous sommes constamment face au vide. Des villes entières ont été détruites. Avant la guerre, nous n'avions pas besoin de penser à Beyrouth, parce que Beyrouth était là. Mais le Beyrouth des années soixante a disparu. Si la mémoire ne la préserve pas, cette ville sera éradiquée de la carte. Ceci s'applique à plus de lieux. Y compris en France, où les choses ont tellement changé que nous ne savons même plus lire celles qui ont résisté. Nous ne voyons plus les cathédrales comme ceux qui les ont bâties.

Cela demande un effort culturel considérable de voir — ce n'est pas parce qu'un édifice se dresse devant nous que nous le voyons pour autant. »

Hier, Notre-Dame a brûlé. Quand j'ai atterri à Venise ce matin, l'homme qui conduisait le bateau-taxi m'a demandé des nouvelles de la cathédrale comme on s'inquiète de la santé d'une ancêtre bien-aimée. Ce que nous dit Etel Adnan, c'est que les villes meurent comme meurent les hommes, les animaux et les plantes. Les villes, les édifices disparaissent emportant avec eux les émotions de ceux qui les ont aimés, arpentés, connus. Dans une lettre qu'il adresse à Franco Farolfi en 1941, Pier Paolo Pasolini raconte une nuit passée à Paderno avec son ami Paria. Une nuit de rires au milieu de la nature, « des vergers et des bois de cerisiers chargés de griottes ». Une nuit où « une quantité énorme de lucioles formaient des bosquets de feu ». Trente ans plus tard, dans une autre lettre, il explique que la pollution a fait disparaître les lucioles. « Cela a été un phénomène foudroyant et fulgurant. » Aux yeux de Pasolini, la société de consommation, le capitalisme sauvage, la destruction de la nature pour le profit ont tué les lucioles et avec elles le souvenir de ces nuits à se fondre dans la nature. La beauté est morte, semble-t-il dire, sacrifiée sur l'autel de l'argent. La société de consommation entraîne la disparition des cultures populaires et la désagrégation du paysage. « Voici que tout ce qui, des siècles durant, a semblé pérenne et l'a en effet été, commence à se désagréger. Venise agonise. » Et ailleurs, il ajoute : « Lorsqu'un enfant ne se sent pas aimé, il décide inconsciemment de mourir et c'est ce qui arrive. Pierre, bois, couleur, c'est ce que sont en train de faire les choses du passé. » Je me dis que Notre-Dame s'est peut-être suicidée. Épuisée, lessivée face à tous ceux qui veulent la consommer, elle s'est immolée par le feu. Notre-Dame est morte d'avoir été trop vue, de n'être devenue rien d'autre qu'un objet touristique à consommer.

Venise aussi est en train de mourir. La contempler, c'est contempler une agonie. Par la fenêtre, j'aperçois les eaux qui vont bientôt l'engloutir. Je tente d'imaginer les pilotis chancelants sur lesquels elle se tient. Je me figure ses palais ensevelis dans l'eau et la vase, ses souvenirs de gloire oubliés de tous, ses places pavées réduites à néant. Venise porte en elle les germes de sa destruction et c'est peut-être cette fragilité qui en fait la splendeur.

À la télévision, hier soir, quelqu'un disait que l'émotion suscitée par l'incendie témoignait d'un retour de religiosité dans notre pays. Mais il me semble que cela témoigne de l'exact inverse. Si nous pleurons, c'est parce que nous vivons dans une société qui manque cruellement de transcendance, de désir de s'élever, de quelque hauteur que ce soit. Nos larmes répondent à l'assourdissant silence de Dieu. J'ai grandi dans un pays où la religion occupe une place importante dans l'existence de chacun. Un pays où Dieu s'invite dans tous les espaces de la vie quotidienne, dans chaque expression que l'on utilise. Dieu voit tout et décide de notre destin. À cette époque, je vivais très mal le fait de ne pas avoir la foi. C'était comme un handicap qui me maintenait à l'écart, qui m'empêchait de faire totalement corps avec les miens. Je rêvais de ressentir quelque chose, d'être capable de soumission à plus grand que moi. Je m'imaginais que j'aurais peut-être une illumination, un soir, comme Pascal lors de sa grande nuit. Dieu m'apparaîtrait et me sauverait de la peur. Mais ma grande nuit n'est jamais venue et mon désir de transcendance n'a été comblé que par la littérature. Il m'arrive de penser que, face à la disparition du religieux ou à son dévoiement par des esprits obscurantistes, la littérature peut tenir lieu de parole sacrée. Elle peut nous élever. À Beyrouth, j'ai passé une journée avec le poète libanais Salah Stétié. J'ai rarement rencontré quelqu'un qui croyait à ce point au pouvoir de la poésie et de la littérature. Pour lui, elles étaient transcendance dans un monde où les religions avaient été dévoyées et nos dieux trahis. Si nous ne pouvions plus croire à rien, il restait toujours la poésie qui, selon lui, ne mourrait jamais.

À travers un vasistas, j'aperçois la statue de la Fortune qui domine le bâtiment. Au faîte de la tour d'angle de la Douane, se dressent deux géants qui portent un globe doré sur lequel s'élève la Fortune. Elle tient une voile, qui bouge au gré du vent, et joue le rôle de girouette. « L'islam découle de cette culture dans laquelle on sait pertinemment que tout est voué à la destruction, ajoute Etel Adnan. [...] Les Arabes vivent des vies éphémères, c'est peut-être ce qui les rend plus modernes qu'ils n'en ont eux-mêmes conscience. » La culture arabe et notamment la poésie sont imprégnées par le nomadisme, par le fait de vivre au jour le jour. Les paysages de sable et de vent, qui sont le berceau de la culture musulmane, nous rappellent sans cesse que l'homme se fourvoie lorsqu'il croit laisser des traces. Au XIVe siècle, Ibn Khaldoun écrivait : « Les Arabes passent toute leur vie en voyage et en déplacement, ce qui est en opposition et en contradiction avec une vie fixe, productrice de civilisation. Les pierres, par exemple, ne leur servent que comme point d'appui pour leurs marmites : ils vont les prendre dans les édifices, qu'ils dévastent dans ce but. Le bois leur sert uniquement à faire des mâts et des piquets pour leurs tentes. »

La culture marocaine donne une grande place au destin, à la fortune, aux accidents qu'il faut accepter avec humilité. Contrairement à ce qu'on peut penser en Occident, cela n'est pas toujours synonyme de résignation ou de fatalisme. Il y a aussi une grande dignité, une hauteur de vue dans cette manière d'accepter le sort, qu'il soit bon ou mauvais. Quand mon père est mort, je me souviens de ces femmes qui, à la fin de la journée d'enterrement, m'ont dit : « Voilà, il est mort, nous avons pleuré et maintenant il faut vivre. Telle est la volonté de Dieu. » On me répétait, comme une consolation, cette phrase attribuée au Prophète Mohamed : « Sois dans ce bas monde comme un étranger ou un passant. Comme un voyageur qui fait une halte et compte ta propre personne parmi les gens des tombes. »

Pour les musulmans, la vie ici-bas n'est que vanité et les expressions populaires nous le rappellent sans cesse. Nous ne sommes rien et nous vivons à la merci d'Allah. La dignité du croyant repose dans la résignation et dans sa capacité à accepter que rien ne dure, que tout disparaîtra. La présence de l'homme dans ce monde est éphémère et il ne doit pas s'y attacher.

Un incendie, ce n'est rien d'autre que la mauvaise fortune. Une braise qui prend, une cigarette oubliée, le vent qui se lève, la pluie qui refuse de tomber. Les hommes ont du mal à accepter la cruauté du hasard. On se révolte, on cherche un sens, un signe, une explication. On s'imagine parfois que c'est un complot ou bien que c'est Dieu qui nous lance un avertissement. Comme l'écrit Kundera, « l'homme moderne triche ». Il ne veut pas regarder la mort en face et fait semblant de croire que les choses dureront, qu'il y a une place pour l'éternité. Nos sociétés, qui vénèrent le « principe de précaution », le « risque zéro », détestent le hasard car il vient briser nos rêves de contrôle. La littérature, au contraire, chérit les cicatrices, les traces de l'accident, les malheurs incompréhensibles, les douleurs injustes.

Je regarde ma montre. Il est à peine minuit. Le musée est aussi silencieux qu'un cimetière. Je pourrais aller me coucher et dans quelques heures, j'ouvrirai les yeux, ce sera fini. Je retrouverai les rues ensoleillées, j'oublierai ce sordide fantasme de claustration. J'imagine la terrasse à laquelle je m'installerais, le café bien serré que je boirais et puis la cigarette.

La cigarette.

Je n'aurais jamais dû penser à ça.

Je prends une longue inspiration en espérant qu'un reste de nicotine traîne quelque part dans mes poumons. Qui le saura si je fume deux lattes de cigarette ? Est-ce que le gardien viendra m'arrêter ? Est-ce qu'on me collera une amende ? Est-ce qu'on me jettera dehors en pleine nuit ? Je pourrais très bien dire que je l'ai fait exprès. Que ça fait partie de la performance. Moi qui, comme me l'a fait remarquer une journaliste, « ne suis pas très rock », je pourrais plaider la subversion, le nihilisme, l'insoutenable addiction.

Je monte chercher mon sac et je redescends en courant. J'entre dans la cafétéria et je ferme derrière moi la porte des toilettes. Dans les mains, je tiens une cigarette et une brosse à dents. Cela me fait rire et je repense à ces vieux dessins animés où, quand le personnage est confronté à un choix, apparaissent sur ses épaules un ange et un diable. Deux taffes et personne n'en saura rien. Il suffit de me mettre à genoux, la tête dans la cuvette, d'allumer la cigarette, d'aspirer goulûment et de la jeter presque immédiatement. Je m'exécute. Et si le gardien se réveillait ? L'odeur de la fumée a envahi les toilettes. Je ferais mieux de remonter le plus vite possible à l'étage, de me coucher sur le lit. De faire semblant d'être endormie et innocente.

Cela fait des heures que je suis là, des heures que je me parle à moi-même et je commence à être un peu déboussolée. À ne plus trop savoir. J'ai l'impression d'arpenter les couloirs d'une maison hantée. J'ai perdu mes repères et la notion du temps. J'entends des voix. Une voix de femme, douce et claire. D'ici, je ne comprends pas ce qu'elle dit. Elle parle une langue étrangère. Je soulève un rideau et j'entre dans une salle plongée dans l'obscurité. Devant moi un écran et cette voix que je reconnais. Marilyn Monroe, son timbre si particulier, à la fois enfantin et empli d'une sagesse hors d'âge. Cette voix qui a mimé les intonations des ravissantes idiotes et portait pourtant tout le poids de la mélancolie. On l'entend mais on ne voit ni son visage ni ce corps qui fut sa gloire et son fardeau.

Mes parents aimaient passionnément le

cinéma. Très jeunes, ils nous ont fait découvrir les films de l'âge d'or d'Hollywood et nous ont transmis leur ferveur. Une partie de mon adolescence s'est jouée là, sur un canapé entre mes deux sœurs, à regarder des films américains. Ils adoraient Lauren Bacall, Cyd Charisse, Katharine Hepburn. Je ne sais pas ce qu'ils pensaient de Marilyn Monroe. Sans doute n'auraient-ils pas apprécié de voir leurs filles danser sur l'air de « Diamonds Are a Girl's Best Friend ». Dans les comédies où elle joue, Marilyn est l'exact opposé de ce que mes parents voulaient que nous soyons. Une fausse ingénue, une beauté naïve et vénale qui n'a de talent que pour se trémousser et profiter des hommes. Dans *Comment épouser un millionnaire*, elle refuse de porter des lunettes qui l'enlaidissent et se cogne dans les portes et dans les murs. Elle était pathétique et moi, je la trouvais extraordinaire.

Mes sœurs et moi étions fascinées par ces films. Jamais nous n'avions rencontré, en vrai, de femmes comme elle, aussi belles, aussi dénudées, aussi blondes. Marilyn et les autres actrices vivaient dans un monde lointain, inconnu et qui pourtant, de film en film, nous est devenu familier. Un monde où les femmes portent des chapeaux et des gants en soie et boivent des cocktails, assises seules au comptoir. Un monde où les femmes partent en croisière en emportant des malles et où leurs robes s'envolent en pleine rue. Où l'on donne des baisers à l'homme de ses rêves à l'arrière d'un taxi. J'avais douze ans, un monosourcil et des cheveux crépus. Ce monde-là me semblait inaccessible.

Qu'ai-je pensé la première fois que je l'ai entendue chanter que les diamants étaient les meilleurs amis des femmes ? Je ne m'en souviens pas mais je ne crois pas que cela m'ait choquée. Au contraire, j'ai dû trouver ça drôle, subversif, délicieusement gênant. Je me demandais ce que cela pouvait faire d'être une femme comme cela. Une femme dont la beauté provoque un véritable affolement, dont la courbe des hanches, la rondeur des seins, la pulpe des lèvres sont comme une invitation au sexe. Marilyn est filmée comme un objet, sublime et provocant. Et je me disais que cela devait être terrible, parfois, de ne pas pouvoir être invisible. D'être haïe des femmes, désirée par les hommes, jamais prise au sérieux. J'ai découvert ensuite la Marilyn des *Misfits* qui me faisait penser aux héroïnes de Tennessee Williams, provinciales incomprises, flirtant avec le désespoir et la folie. J'avais, dans ma chambre d'adolescente, des dizaines de photographies d'elle. J'aimais en particulier les clichés en noir et blanc, pris à New York, dans les rues, dans le métro, sur un balcon. Elle était faite pour être vue. Je percevais, entre elle et la caméra, une complicité presque inquiétante, comme si elle était entièrement absorbée par son image, comme si l'objectif la vampirisait et la laissait vide et désemparée. Dans *Blonde*, Joyce Carol Oates raconte cela. Elle dit surtout qu'on ne peut pas réduire Marilyn à un fantasme masculin. Marilyn fait rêver les femmes. Et les femmes ont été très tôt habituées à regarder le monde à travers un prisme masculin. C'est ainsi que nous voyons Marilyn et ce spectacle est déchirant. Il y a en elle quelque chose de monstrueux. Elle est un appât, un piège, une poupée de chiffon, une créature quasi mythologique que des producteurs véreux ont inventée. Marilyn, qui fut la femme offerte par excellence, a été dévorée par les autres. Elle ne s'appartenait pas ; elle était la propriété de la foule.

Sur l'écran, j'aperçois la plume d'un stylo et des mots qui se forment. Marilyn, l'écervelée, la sensuelle, écrivait un journal intime. Sur les conseils de sa psychiatre, Margaret Hohenberg, elle avait acheté des carnets dans lesquels elle écrivait ses pensées. Ses notes sont pleines de « je dois », de « il faut », d'injonctions qu'elle se donne à elle-même, pour être une meilleure actrice, une femme apaisée. Elle a passé sa vie à chercher les mots, à tenter de transcrire les émotions qui se disputaient en elle dans un brouhaha incompréhensible. Dans ses *Fragments*, publiés au Seuil en 2010, on découvre qu'elle écrivait partout, tout le temps, sur des bouts de papier, des serviettes, des cahiers de cuisine. Amie de Carson McCullers et de Capote, épouse d'Arthur Miller, elle passait son temps à lire. Elle voulait apprendre et avait un peu honte de son écriture, de son orthographe, de son manque d'éducation. Sur l'écran, apparaît le décor d'une chambre d'hôtel. Nous sommes à New York, dans la suite du Waldorf Astoria où l'actrice s'est réfugiée sous le nom de Zelda Zonk. Ici, elle a décidé de se réinventer, de tout réapprendre, de devenir une comédienne, une vraie. Lentement, la caméra recule. On s'aperçoit alors qu'aucune main humaine ne tient ce stylo. Au fur et à mesure que l'objectif dézoome, on prend conscience de la supercherie, du faux-semblant. C'est un robot qui écrit et cette chambre n'est qu'un décor dans un studio de cinéma. La prosodie de sa voix a été reconstituée par un ordinateur. Marilyn est là et elle est absente. Fantôme surgi par la grâce de la technologie. A-t-elle jamais été autre chose qu'un fantôme ? A-t-elle vraiment existé ?

Philippe Parreno, l'artiste, est encore une fois démiurge. Comme Berrada inverse la nuit et le jour, comme Roni Horn fige le flux ondoyant de l'eau, il brave la logique de l'absence et de la présence, du décor et du réel, du cinéma et de la vie authentique. Il fait revenir les morts à la vie. N'est-ce pas ce que j'essaie de faire avec mon roman ? Lorsque j'en ai parlé à la romancière Claire Messud, elle m'a dit qu'un roman historique c'était comme « de la science-fiction du passé ». Ce que nous racontons n'a jamais existé et le passé dont il s'agit n'est rien d'autre qu'une invention qui a l'air vraie. Quand on écrit, surviennent des moments quasi surnaturels où la fiction et le réel s'entremêlent, où des personnages prennent chair d'une manière qui nous réjouit et nous effraie. Comme si nous puisions dans les traces laissées par des morts pour donner la vie. J'ai lu quelque part une légende africaine qui dit que les morts continuent de vivre parmi nous tant que nous parlons d'eux. Senghor écrivait : « Les morts ne sont pas morts. » Ils ne disparaissent vraiment que le jour où s'éteint la dernière personne à les avoir connus. Tant que nous avons quelque chose à dire sur les fantômes, tant que des souvenirs nous traversent, même silencieux, même tapis tout au fond de la nuit noire de notre mémoire, les fantômes cohabitent avec les vivants. Hier, j'ai entendu à la radio qu'une des pires condamnations, à Rome, était la *damnatio memoriae* dont le Sénat affligeait des personnalités politiques qui avaient failli. On détruisait alors leurs statues, on rayait leur nom des registres, on effaçait jusqu'au moindre souvenir de leur existence.

Décidément, ce bâtiment est plein de fantômes. Ils ont laissé des indices partout, comme des Petits Poucets qui m'inviteraient à suivre leurs traces. Dans un couloir, j'observe des sculptures de Tatiana Trouvé. Intitulées *Les Gardiens*, ces sculptures de bronze, de marbre et d'onyx reproduisent la forme de fauteuils sur lesquels reposent des coussins que le corps d'un homme a creusés. Ce creux rend tangible l'absence comme si les hommes qui étaient assis là venaient à peine de se lever. Dans la pierre, on sent le poids de l'attente, de l'ennui. L'illusion est si forte que j'ai cru que les deux hommes allaient revenir.

Bien sûr, je pense à lui. À mon père. Tout ici me ramène à lui. Ce lieu clos où je suis enfermée. Ma solitude. Les fantômes du passé. Mes souvenirs de mon père sont toujours les mêmes. Ensemble nous n'avons contemplé que peu de paysages. Les années que nous avons partagées se sont déroulées dans un pays sans saison. Hivers humides, étés brûlants. Une plage de la Méditerranée, des champs d'oliviers dans une fausse Toscane et puis la grande maison, celle de son agonie, celle du si long ennui où je sais bien que nous n'étions pas assez fortes pour le distraire. C'est peut-être pour m'aider à me souvenir qu'il a tenu à avoir toujours la même place, à table ou sur le canapé du salon. Un instinct de patriarche ou de vieil animal dans une savane où tout le monde se moque désormais des lions à la fourrure pelée. Sur le canapé, il occupait l'angle droit. L'accoudoir était noirci par la fumée de ses pipes, qu'il tétait calmement, ouvrant légèrement la bouche, comme un poisson au fond d'un aquarium. Ma mère a choisi le tissu de ce canapé. Je ne doute pas que cela lui a pris du temps. Qu'elle a étudié longuement des échantillons d'étoffes, qu'elle en a peut-être tendu quelques-uns sous le nez de mon père qui a affiché alors sa suprême indifférence. Elle a fini par prendre seule la décision de tapisser le canapé avec ce tissu bordeaux sur lequel, je crois, étaient imprimées des fleurs, ou plutôt des dessins d'inspiration indienne. Peu importe. Ce dont je me souviens surtout c'est qu'à l'endroit où reposait le bras de mon père, l'imprimé était presque effacé. À force de frottement, le tissu s'était élimé et un inconnu qui aurait pénétré dans cette maison aurait sans doute pensé que se trouvait là la place du chat ou du chien. Que les coussins s'étaient enfoncés sous le poids d'un animal domestique, trop gros et trop gâté. Qu'il était étrange qu'on laisse à une bête cette place confortable, centrale, cette place d'où on pouvait observer tous les mouvements de la maison et même une partie du jardin.

« Je n'ai pas le mal du pays, écrivait Louise Michel. J'ai le mal des morts. » Les morts peuvent mettre du temps à nous manquer.

Leur absence creuse un sillon invisible et un jour, bien longtemps après leur disparition, on se dit : C'est donc bien vrai que j'ai vécu sans eux. Souvent, je pense qu'il me faudrait remercier mon père d'être mort. En disparaissant, en s'effaçant de ma vie, il a ouvert des voies que, sans doute, je n'aurais jamais osé emprunter en sa présence. C'est une pensée honteuse, une pensée triste, mais plus les années passent et plus je prends conscience de sa vérité. Mon père était un obstacle. Ou, pire encore, mon destin même supposait que mon père s'éteigne.

Mon père manque à la petite fille. Le dialogue silencieux que je mène avec lui s'emplit chaque jour de plus de colère, de rage, d'impuissance. Mais j'en viens à penser que sa mort fut généreuse. Qu'il s'y est résolu pour moi, qu'il est parti comme s'éteint un feu, lentement et douloureusement. Qu'il ne fut plus, à la fin, qu'une clarté bleue, vacillante et fragile. Une voix, un regard, deux mains brunes et féminines qui me retenaient de vivre. En mourant, mon père m'a contrainte à le venger. Il m'a interdit toute paresse, toute tiédeur. Il a posé ses mains sur mon dos et il m'a poussée dans le vide, comme le font les pères qui craignent que leurs enfants soient lâches ou peureux.

J'ai punaisé sur le mur de mon bureau la lettre que l'écrivain turc Ahmet Altan a envoyée au journal *Le Monde* en septembre 2017, quelques jours avant son procès. Le journaliste était accusé d'avoir soutenu le coup d'État du 15 juillet 2016. Je me souviens de la première fois que j'ai lu cette lettre. J'avais le cœur froissé et chaque ligne faisait remonter la nausée de mon adolescence, ce goût aigre au fond de la bouche. Ce goût qui m'est si familier. Ahmet Altan écrivait : « Je ne suis pas en prison. Je suis écrivain. » Ces phrases bouillonnaient, éclataient, elles battaient en moi à une vitesse telle que je n'arrivais pas à les comprendre. J'ai fermé les yeux aussi fort que j'ai pu. J'ai essayé de retrouver mon calme et les phrases ont continué de me suivre comme une ombre fuyante, comme un mystère qui attend d'être résolu. Et puis, j'ai compris. J'ai cru comprendre.

En 2003, mon père a été incarcéré pour quelques mois à la prison de Salé après des années de procédure. Il était embarqué, en tant qu'ancien président d'une banque, dans un des plus grands scandales politico-financiers qu'ait connus le Maroc. Après sa libération, mon père est tombé malade et il est mort en 2004. Des années plus tard, il a été entièrement innocenté des charges dont il était accusé.

En lisant le texte d'Ahmet Altan, ce sont ces souvenirs qui ont ressurgi. Je me suis dit : « Mon père est en prison. Et je suis écrivain. » Il est mort et je vis. Par mes histoires j'essaie de regagner sa liberté. J'écris et je creuse un trou dans le mur d'une cellule. J'écris et chaque nuit je lime les barreaux d'une prison. J'écris et je le sauve, je lui offre des échappatoires, des paysages, des personnages aux extraordinaires aventures. Je lui offre une vie à sa mesure. Je lui rends le destin qu'on lui a refusé.

Tu es mort pour t'offrir une deuxième chance et cette deuxième chance, il me semble que j'en suis dépositaire, que la fin de l'histoire, c'est à moi qu'il incombe de l'écrire. J'enferme des jasmins dans des boîtes, je fige le cours de l'eau, je fais revivre des actrices mortes que tu aimais, je sculpte dans la pierre ta trace sur le canapé.

Le destin de mon père a toujours pesé sur le mien. J'ai cherché à l'ignorer. J'ai voulu éviter l'évidence. Je vis dans la crainte irrationnelle d'une malédiction. J'ai peur que m'attende le même destin. Je m'élèverai très haut et je tomberai. Une chute lente et vertigineuse. Une chute triste et triviale, à l'abri de l'intérêt des hommes, dans l'ombre d'un sous-sol, dans l'ombre de mon silence. Je me frotterai à la détestation du monde, et puis à l'oubli. Et il me semble que plus j'essaierai d'éviter ce destin et plus les événements me rappelleront cette inexorable fatalité. Rien ne me permettra jamais d'y échapper. Il est écrit que cette malédiction se transmettra de père en fille.

Ici, il faudrait que je raconte. La lente descente aux enfers de mon père. Sa déchéance sociale. Son incarcération. Mais rien de ce que je raconterais ne serait vrai. Ou plutôt, ceux qui ont vécu ces événements n'y retrouveraient pas la froide et stricte vérité. Ils diraient que je me suis trompée. Ils diraient que j'invente. Que « ce n'est pas comme ça que cela s'est passé ». Ce que je ne sais pas restera dans l'ombre. Je ne veux pas résoudre les énigmes, combler les ellipses, rétablir la vérité ou l'innocence. J'ai une aversion pour les explications. Je veux laisser les questions sans réponses car c'est dans ces fossés, dans ces trous noirs que je trouve la matière qui sied à mon âme. C'est là que je tisse ma toile, que j'invente des espaces pour la liberté et pour le mensonge, qui sont, à mes yeux, une seule et même chose. Je m'avance dans les rues noires et je crée mes propres paysages. J'invente ma foule, ma famille, je dessine des visages.

Beaucoup pensent qu'écrire c'est reporter. Que parler de soi c'est raconter ce qu'on a vu, rapporter fidèlement la réalité dont on a été le témoin. Au contraire, moi je voudrais raconter ce que je n'ai pas vu, ce dont je ne sais rien mais qui pourtant m'obsède. Raconter ces événements auxquels je n'ai pas assisté mais qui font néanmoins partie de ma vie. Mettre des mots sur le silence, défier l'amnésie. La littérature ne sert pas à restituer le réel mais à combler les vides, les lacunes. On exhume et en même temps on crée une réalité autre. On n'invente pas, on imagine, on donne corps à une vision, qu'on construit bout à bout, avec des morceaux de souvenirs et d'éternelles obsessions.

Que penserait mon père de mon fantasme d'enfermement ? Sans doute se moquerait-il de moi. « Tu veux aller en prison à ma place, ma fille ? Tu veux qu'on t'enferme à double tour ? » Il me regarderait, son visage illuminé par ce sourire qui était le plus beau sourire du monde. Il ne serait dupe de rien. Il comprendrait tout ce que mon fantasme d'enfermement contient de désespoir et de perversion. Il me prendrait dans ses bras et il me consolerait de mes tentatives absurdes de le sauver et de me mettre à sa place. Saurai-je jamais ce qu'il a vécu ? Est-ce obscène de ma part de désirer comprendre ce que c'est que de vivre ça ?

Ce qui est arrivé à mon père a été fondateur

dans mon désir de devenir écrivain. Je repense souvent à cette phrase de Marguerite Duras dans *Emily L.* : « Il me semble que c'est lorsque ce sera dans un livre que cela ne fera plus souffrir. Que ce ne sera plus rien. Que ce sera effacé. [...] écrire, c'est ça aussi, sans doute, c'est effacer. Remplacer. » En quelque sorte, corriger la mémoire. Après la disparition de mon père, je me suis mise à écrire avec rage. J'inventais des mondes dans lesquels les injustices étaient réparées, où les personnages étaient vus pour ce qu'ils étaient et n'étaient pas prisonniers de l'image que la foule s'en faisait. J'écrivais sur des gens incompris et je me plongeais dans leur âme, aussi profond que je pouvais. J'ai appris à vivre au-dedans de moi, attentive à ma voix intérieure, à la musique et aux mots qui défilaient dans ma tête. J'écrivais par refus de la réalité et par désir de sauver les humiliés. Quand mon père est sorti de prison, il m'a parlé de la vie intérieure. Il m'a fait comprendre que quelque chose de lui, en lui, avait résisté. Qu'il y avait en chacun une part que les autres ne pouvaient ni atteindre, ni profaner. Un abysse où la liberté était possible. Je me suis mise à penser que cette vie intérieure était mon salut et qu'il ne dépendait que de moi de la perdre ou de la conserver. Cette vie intérieure, désormais, serait tout entière nourrie de littérature.

« Oui, je suis détenu dans une prison de sécurité au beau milieu d'un *no man's land*. Oui, je demeure dans une cellule où la lourde porte de fer fait un bruit d'enfer en s'ouvrant et en se refermant. [...] Tout cela est vrai mais ce n'est pas toute la vérité. Quand je me réveille avec le murmure de la neige s'empilant de l'autre côté de la fenêtre, en hiver, je commence la journée dans cette datcha aux énormes vitres où le docteur Jivago avait trouvé refuge. Jusqu'à présent, je ne me suis jamais réveillé en prison. Je suis écrivain. Où que vous m'enfermiez, je parcourrai le monde illimité de mon esprit. Comme tous les écrivains, j'ai des pouvoirs magiques. Je peux traverser les murs avec facilité », écrit Ahmet Altan (*Je ne reverrai plus le monde*).

Mon père était un homme mystérieux. Il parlait peu de lui et je ne cherche pas à élucider ses mystères. Je les porte avec moi, tout noueux qu'ils soient, et il me semble qu'ils me poussent à poursuivre. Poursuivre quoi ? Pour aller où ? Je n'en sais rien. Mais si la prison a été fondatrice dans mon écriture c'est aussi parce que mon père et nous, à travers lui, avons été victimes d'une injustice. Et seule la littérature me semblait capable d'embrasser cela, cette expérience si violente, si destructrice. Je me suis souvent vue comme l'avocate de mes personnages. Comme celle qui n'est pas là pour juger, pour enfermer dans des boîtes mais pour raconter l'histoire de chacun. Pour défendre l'idée que même les monstres, même les coupables ont une histoire. Lorsque j'écris, je suis habitée par le désir d'œuvrer au salut de mes personnages, de protéger leur dignité. La littérature, à mes yeux, c'est la présomption d'innocence. C'est même la présomption tout court : on présume que quelque chose de commun nous unit au reste de l'humanité. On présume que ce personnage, sorti de notre imagination, qui a vécu telle expérience que nous n'avons jamais vécue, a ressenti en la vivant une émotion que nous pouvons comprendre sans pourtant la connaître. Depuis toujours, j'éprouve pour les autres plus que de la curiosité. Un appétit féroce. Un désir d'entrer au-dedans d'eux, de les comprendre, de prendre leur place pour une minute, une heure, toute la vie. Le destin des autres me fascine et il me fait souffrir quand j'ai le sentiment qu'il est cruel ou injuste. Jamais je n'ai pu me reposer dans le confort froid de l'indifférence. Le passant dans la rue, la boulangère qui parle trop fort, le petit vieux qui marche lentement, la nounou qui rêve sur un banc, tous m'émeuvent. Lorsqu'on écrit, on prend en affection les faiblesses, les défauts des autres. Nous comprenons que nous sommes tous seuls mais que nous sommes tous les mêmes.

Ce qui me touche chez les grands écrivains, c'est leur considération. Dans les livres qui m'ont éblouie, les auteurs semblent animés d'une telle empathie que les existences les plus triviales, les sentiments les plus quotidiens se parent de magie. Quelque chose de grand semble sortir de nos vies misérables. Ils m'ont donné l'espoir ou l'illusion qu'on pouvait se comprendre, qu'on pouvait même se pardonner ou ne pas se juger. Que nous n'étions pas condamnés à la froide et interminable solitude.

Mon père lisait beaucoup. C'était la forteresse dans laquelle il s'enfermait et, d'ailleurs, il empilait les livres à ses pieds comme un maçon empile des briques pour construire un mur. J'ai récemment remarqué que sur une des rares photographies où nous sommes tous les deux, il y a un livre posé près de lui. C'est un exemplaire de *Moon Palace*, de Paul Auster, aux éditions Actes Sud. Un jour — mon père était mort depuis longtemps — j'ai retrouvé cet exemplaire dans la bibliothèque de mes parents. J'ai reconnu la couverture, dans des tons roses et bleutés, et je me suis souvenue comment, enfant, je lisais pour impressionner mon père. Je pensais que si je tenais un livre à la main, il s'intéresserait à moi. Il me verrait. J'ai lu la moitié du roman. J'en étais arrivée au moment où le personnage principal se retrouve seul dans son appartement, ruiné, désespéré, enfermé au milieu de monceaux de livres qu'il dévore. Et puis j'ai perdu le livre dans un avion ou dans une salle d'embarquement. Je ne l'ai pas racheté et je n'ai jamais cherché à connaître la fin de l'histoire.

Ce n'est pas agréable de penser à lui. Je ne sais pas trop pourquoi. J'ai toujours une certaine réticence, une distance, je ne me plonge jamais entièrement dans ces pensées-là, je ne m'autorise aucun abandon. D'ailleurs je ne le désire pas. Jamais je n'ai, toute seule, pleuré à chaudes larmes en me répétant qu'il me manquait. Il y avait en lui un mystère et dans notre relation quelque chose d'inachevé. Des mots qui n'ont pas été dits, des expériences qui n'ont pas été vécues. Il était ma famille mais il ne m'était pas familier. J'avais peut-être comme but de le conquérir, de venir à bout de lui, de m'en faire un allié, un ami. Il est mort avant que j'y parvienne. En vérité, je n'aime pas tellement penser à lui car ces pensées elles-mêmes sont pleines de vides. Je suis incapable de convoquer un souvenir précis, une conversation, un jeu, un repas. Non, ces pensées sont faites d'une espèce de béance, du fossé qui me séparait de lui.

Bizarrement, plus j'écris sur lui et moins j'ai l'impression qu'il a vraiment existé. Les mots, au lieu de lui donner vie, le transforment en personnage et le trahissent. Me souvenir de lui est une souffrance. Comme quand, enfant, je grattais les croûtes qui se formaient sur mes genoux blessés. Cela me faisait mal mais je prenais une espèce de plaisir étrange à voir la plaie saigner à nouveau. C'est à cela que ça ressemble d'écrire sur lui. Je ne crois pas qu'on écrive pour se soulager. Je ne pense pas que mes romans viendront à bout du sentiment d'injustice que j'ai vécu. Au contraire, un écrivain est maladivement attaché à ses peines, à ses cauchemars. Rien ne serait plus terrible que d'en être guéri.

Parfois je me demande : si je devais choisir entre ta survie et l'écriture, qu'est-ce que je ferais ? Bien sûr, il faudrait dire : je préférerais n'avoir jamais écrit et que tu sois là et que nous n'ayons pas souffert. Mais je ne sais pas si je peux dire cela. Montherlant avait raison. « Les écrivains sont des monstres. » Des vampires, sans foi ni loi.

Il est 3 heures du matin et je me dirige vers le belvédère, la pointe du bâtiment. Je me souviens que je suis dans une douane. Ici, s'exerçait une autorité, on contrôlait des marchandises, on fournissait des laissez-passer et des interdictions. Jusqu'au XVe siècle, une douane unique, pour les produits venant de la terre et de la mer, était située à proximité de l'Arsenal. Devenue trop petite, deux zones sont alors créées pour le dédouanement, la Dogana di Terra (douane de terre) près du Rialto et la Dogana di Mare (douane de mer), qui servait en quelque sorte de sas entre la Giudecca et le cœur administratif de Venise. Le bâtiment actuel, qui date du XVIIe siècle, était à la fois porte d'entrée et de sortie, frontière et lieu de passage, corridor dans lequel les hommes et les objets étaient soumis à un examen. Située à la confluence de deux grands canaux qui sillonnent la ville, le Canal Grande et le Canal de la Giudecca, la Douane est le point de rencontre de deux civilisations : l'Empire italo-germanique et le monde arabe ou byzantin. À la pointe, étaient ancrés les bateaux sur lesquels montaient les douaniers pour inspecter la cale et l'entrepont, compter les marchandises, vérifier les livres de comptes. Mais la Douane servait aussi d'entrepôt. Certaines cargaisons étaient déchargées puis réembarquées faisant de Venise le cœur des échanges entre l'Europe du Nord et le Levant. Vin, peaux, bois, sucre, huile, épices, soieries, venus de l'Orient, des Balkans, d'Égypte ou d'Asie Mineure, s'accumulent dans les entrepôts avant d'être vendus en Italie, en France, dans les Flandres ou en Angleterre. Grâce au système de « l'Incanto des galées du marché », cet empire commercial exploitait une flotte de milliers de galères qui sillonnaient la Méditerranée. Cité cosmopolite, s'y côtoyaient les Juifs, les chrétiens et les Maures.

La première fois que j'ai visité Venise, c'est ce qui m'a frappée. Cette ville faisait partie de l'Orient autant que de l'Occident. Sur la place Saint-Marc, j'avais des réminiscences du Caire et d'Istanbul. Les dorures, sur la façade de la basilique, me faisaient penser à quelque palais byzantin et les arches, à l'intérieur d'une madrasa ou d'une mosquée. Dans certaines ruelles, je me croyais au cœur d'une de ces médinas que les architectes concevaient comme des labyrinthes pour que s'y perde l'envahisseur. J'étais à Fès ou à Samarcande. J'imaginais des Maures enturbannés se perdant dans les *calli* et je me souvenais que le plus célèbre d'entre eux, Othello, aurait été inspiré à Shakespeare par un charismatique ambassadeur du Maroc à la cour d'Angleterre. La végétation était la même que celle de mon enfance, palmiers et orangers, jasmins grimpant sur les murs des palais.

Venise est une ville sans terre. Sans terroir et sans autre richesse que le sel. On se nourrit du dehors, de l'extérieur, de l'étranger. J'y vois le symbole de ma propre histoire. Peut-être est-ce là que je vis, dans un lieu qui ressemble à cette presqu'île pointue. À une douane qui est par essence un lieu paradoxal. Je n'ai ni tout à fait quitté mon lieu de départ ni tout à fait habité mon lieu d'arrivée. Je suis en transit. Je vis dans un entremonde.

Me voilà, seule au cœur de la Douane, reine en mon royaume sans habitants, sans vie et sans lumière. J'erre de salle en salle sans tendre de papiers d'identité, sans donner de raison, sans me justifier. J'ai pris le pouvoir sur ce territoire, j'ai inversé le cours des choses, je vis la nuit et j'irai me coucher à l'aube. Je n'ai pas de comptes à rendre.

Toute ma vie, j'ai eu l'impression d'être en minorité, de ne pas partager avec les autres une communauté de destin. Je n'ai jamais respecté de traditions, de rites. Les joies collectives m'effraient. Au Maroc, je suis trop occidentale, trop francophone, trop athée. En France, je n'échappe jamais à la question des origines, « En étrange pays dans mon pays lui-même » (Aragon). Pendant longtemps, je me suis détestée d'être si nerveuse et instable. Mes contradictions étaient invivables. Je voulais qu'on m'accepte et puis je ne voulais pas être des leurs. Quand on a plusieurs pays, plusieurs cultures, cela peut conduire à une certaine confusion. On est d'ici et puis d'ailleurs. On se revendique toujours étranger et on déteste en même temps que l'autre nous voie comme tel. On est de mauvaise foi. Face à un Français qui m'assure que les musulmans sont, par essence, des misogynes, des êtres violents, je défendrai bec et ongles l'ouverture d'esprit de mes concitoyens marocains, je lui fournirai mille exemples pour le contredire. À l'inverse, face à un Marocain qui essaiera de me convaincre que notre pays n'est que douceur et tolérance, je défendrai exactement l'inverse, et j'insisterai sur la misogynie et la violence qui le minent.

Ce qui m'a longtemps préoccupée, c'est la possibilité d'écrire sans ancrage solide, sans fondations sur lesquelles m'appuyer. Peut-on être écrivain sans terroir ? Qu'a-t-on à raconter quand on se sent de nulle part ?

« Tu sais ce qu'il y a de mauvais dans ton cas ? C'est que tu es un expatrié. [...] On ne t'avait jamais dit ça ? Ceux qui ont quitté leur pays n'ont jamais rien écrit qui vaille la peine d'être imprimé », écrit Hemingway dans *Le soleil se lève aussi*.

Déchirée entre mes communautés, écrivant dans un équilibre instable, il me manquait un territoire matriciel qui me nourrirait. Salman Rushdie a, à ce titre, occupé une place importante dans ma vie. J'avais huit ans et je vivais dans un pays musulman quand cet homme se retrouva sous le coup de la fatwa. Il était un traître, un apostat, la pire engeance que la terre puisse porter. Il était un vendu à l'Occident, un mécréant, qui avait renié la religion de ses ancêtres pour faire l'intéressant devant les Blancs. Plus tard, j'ai lu ses livres, ses entretiens, son autobiographie et mon admiration pour lui n'a cessé de croître. C'est lui qui m'a enseigné qu'on n'était pas obligé d'écrire au nom des siens. Que cette bâtardise, ce métissage, il faudrait l'explorer jusqu'à la lie. Écrire, ce n'était pas exprimer une culture mais s'en arracher quand celle-ci se refermait en injonctions, en diktats. « Nous ressemblons à des hommes et à des femmes d'après la chute. Nous sommes des hindous qui avons traversé les eaux noires ; nous sommes des musulmans qui mangeons du porc. Et le résultat c'est que nous appartenons en partie à l'Occident. Notre identité est à la fois plurielle et partielle. Parfois, nous avons le sentiment d'être à cheval sur deux cultures ; et parfois, d'être assis entre deux chaises. » À mes yeux, ni le discours qui glorifie la richesse du métissage ni celui qui s'en inquiète ne saisissent la complexité d'une identité double. C'est à la fois un inconfort et une liberté, un chagrin et un motif d'exaltation. J'étais tiraillée entre des hérédités et des histoires si différentes qu'il me semblait que je ne pouvais que devenir un être inquiet. Je voulais m'intégrer au troupeau, découvrir le délice d'appartenir, de faire partie d'une bande, d'un camp, d'une communauté. Je voulais nourrir des idées arrêtées, ne plus m'encombrer de nuances et de doutes. Je me sentais comme « ces orchidées des forêts tropicales dont les racines, descendues des hautes branches des acomas, restent suspendues entre ciel et terre. Elles flottent, elles cherchent ; elles ignorent la stabilité du sol » (Michèle Lacrosil, *Cajou*).

Lorsque je suis arrivée en France, je ne me suis pas sentie tout à fait une étrangère. J'avais le sentiment de connaître ce pays, d'en maîtriser les codes, la culture, la langue. Je les connaissais, mais eux ne me connaissaient pas. Je sentais bien que Notre-Dame, Flaubert ou Truffaut m'étaient familiers. Ils ne parlaient pas de moi, ils m'ignoraient et pourtant, par un étrange accident de l'Histoire, ils étaient mon patrimoine.

Maryse Condé, qui a quitté son île natale pour venir étudier la littérature à Paris, raconte dans une interview : « Je n'ai pas été dépaysée en arrivant à Paris. Ça a été familier car j'y ai trouvé ce que je cherchais : une ouverture à la culture, à la philosophie. J'étais chez moi. Je possédais la culture française, je la maîtrisais. Quelque chose de cette société m'était familier. En même temps c'est à Paris que j'ai pris conscience de ma couleur de peau, que j'ai compris que j'étais noire. » C'est en France que je suis devenue une Arabe. Une beur. La première fois que j'ai entendu ce mot, je ne l'ai pas compris. On m'a dit : « Les beurs, c'est les Arabes d'ici. » D'un coup, en arrivant en France, j'étais d'origine maghrébine, issue d'un territoire indéterminé, sans frontières, sans différences ou subtilités. Pire encore, je découvrais avec les années que j'étais, comme l'a si bien formulé mon ami Olivier Guez, « l'Arabe comme ils l'aiment ». Une Arabe qui mange du porc et boit de l'alcool, une femme émancipée et pas inquiétante, plus attachée encore que les Français eux-mêmes aux idées de laïcité et d'universalité. J'étais une Maghrébine, aux cheveux frisés et à la peau mate, avec un prénom étranger, mais qui pouvait citer Zola et qui avait grandi bercée par les films hollywoodiens des années 1950. J'étais comme eux mais avec une pointe d'exotisme, aimaient-ils me faire remarquer. On ne me demande pas d'où je viens ni où j'ai grandi. On me demande de quelle origine je suis et je réponds parfois que n'étant ni une pièce de viande ni une bouteille de vin je n'ai pas d'origine mais une nationalité, une histoire, une enfance. Jamais tout à fait d'ici, plus tout à fait de là-bas, je me suis longtemps sentie comme dépossédée de toute identité. Comme une traître aussi car je ne parvenais jamais totalement à embrasser le monde dans lequel je vivais. C'étaient toujours les autres qui décidaient pour moi de ce que j'étais.

Depuis que je travaille sur mon roman, j'ai beaucoup lu sur l'époque coloniale. Tous les jours, je me perds dans la contemplation de cette grande carte de Meknès, datant de 1952. On y voit parfaitement les frontières qui séparent les quartiers de la cité. « Le moins de mélange possible dans l'ordre des villes », disait Lyautey (dans *Paroles d'action*, cité par François Béguin). Ici, prévalait une logique de ségrégation et mon arrière-grand-mère trouvait tout à fait normal, sinon sain, que les Juifs, les musulmans et les Européens se fréquentent sans vivre ensemble. Comme Berenice Abbott à New York, comme Etel Adnan à Beyrouth, je rêve de trouver sur les murs de Meknès les traces de ce bouleversement que fut l'expérience coloniale. Quelles empreintes cette époque a-t-elle laissées à la fois sur les lieux et sur moi ? « L'homme ne se souvient pas de la main qui l'a frappé, de l'ombre qui l'a effrayé enfant ; pourtant, la main et l'ombre demeurent avec lui, inséparables de lui pour toujours, une part de la passion qui le pousse chaque fois qu'il songe à prendre son envol », écrit James Baldwin dans *Chroniques d'un enfant du pays*.

Je suis l'enfant d'une génération à l'identité meurtrie, la génération de mes parents qui apprit la liberté, la démocratie, l'émancipation des femmes de la bouche de ceux qui les dominaient au nom de la race et de l'idéologie coloniale. Le pouvoir colonial signifie à ceux qu'il nomme pourtant indigènes : « Ce pays n'est pas le vôtre. » Et aux indigènes de penser : « Je vis dans le pays des autres. Je suis chez moi comme un clandestin, en danger, à l'affût comme l'était cette jeune femme inquiète dans les rues de Sarajevo. »

Je parle cette langue-là, la langue « butin de guerre » qui fut enseignée à mon père dans une école où il était l'un des seuls Arabes. Nous parlions français à la maison et nous vivions selon des règles qui n'étaient pas toujours en accord avec celles du dehors. Comme Etel Adnan, j'ai érigé la langue arabe au rang de mythe, elle est un chagrin intime, une honte, un manque. Je rêverais de la connaître jusque dans ses plus infimes nuances, je voudrais en posséder les secrets. Lorsque j'étais enfant, nous étudiions l'arabe en classe et la maîtresse consacrait une grande partie de son cours à nous enseigner le Coran. Elle n'admettait pas que l'on pose des questions, que l'on remette en cause une vérité. Je dois peut-être à ces méthodes pédagogiques mon échec à maîtriser la langue arabe. Un jour, l'institutrice, qui était albinos et portait des chaussures si serrées que ses pieds étaient violacés, a affirmé d'une voix aiguë : « Ceux qui ne sont pas musulmans n'iront pas au paradis. Tous les mécréants finiront dans les flammes de l'enfer. » Cela m'a beaucoup troublée. Je me souviens que les larmes me sont montées aux paupières. Je pensais à ma grand-mère, à ma tante, à tous nos amis qui finiraient aux mains de Satan. Mais je n'ai rien dit. Je n'ai pas osé car je savais la violence de cette femme et j'avais compris qu'il fallait se taire. Dans le pays où je vivais, on nous apprenait à courber l'échine devant les plus illuminés, à ne pas faire d'esclandre, à ne rien risquer. Quand le conservatisme augmente, quand le fanatisme tisse sa toile dans une société, on passe sa vie à mentir. Surtout, ne dis pas qu'ils sont concubins, ne parle pas de son homosexualité, n'avoue pas qu'il ne fait pas le ramadan, cache les bouteilles d'alcool et jette-les la nuit, à quelques kilomètres de chez toi, bien emballées dans des sacs en plastique noirs. On se méfie des enfants qui ont la fâcheuse tendance à dire la vérité et mes parents ont passé des heures à m'expliquer que je devais me refréner. Je détestais cela. Je haïssais ma lâcheté, ma soumission à leur vérité. Rushdie m'a appris qu'on ne pouvait pas écrire sans envisager la possibilité de trahir, sans dire ces vérités que l'on cache depuis l'enfance.

La domination coloniale, je l'ai compris, modèle non seulement les esprits mais aussi les corps, qu'elle contraint et enferme. Celui qui est dominé n'ose pas bouger, se rebeller, sortir de ses gonds ou de son quartier, s'exprimer. « La première chose que l'indigène apprend, écrit Frantz Fanon dans *Les Damnés de la terre*, c'est à rester à sa place, à ne pas dépasser les limites ; c'est pourquoi les rêves de l'indigène sont des rêves musculaires, des rêves d'action, des rêves agressifs. Je rêve que je saute, que je nage, que je cours, que je grimpe. Je rêve que j'éclate de rire, que je franchis le fleuve d'une enjambée, que je suis poursuivi par une meute de voitures qui ne me rattrapent jamais. Pendant la colonisation, le colonisé n'arrête pas de se libérer entre neuf heures du soir et six heures du matin. »

Alors, c'est à cela que sert le territoire de la nuit ? Par la fenêtre, je contemple la façade des palais, les bateaux amarrés et, au loin, je vois clignoter une lumière violette. Si la nuit est dangereuse c'est parce qu'elle donne aux dominés des idées de vengeance, aux prisonniers des rêves d'évasion, aux femmes opprimées des scénarios d'assassinats. Entre 9 heures du soir et 6 heures du matin, on rêve de se réinventer, on n'a plus peur de trahir ou de dire la vérité, on croit que nos actes seront sans conséquences. On s'imagine que tout est permis, que les erreurs seront oubliées, les fautes pardonnées. La nuit, territoire de la réinvention, des prières murmurées, des passions érotiques. La nuit, lieu où les utopies prennent un parfum de possible, où le réel et le trivial semblent ne plus pouvoir nous contraindre. La nuit, contrée des songes où l'on découvre que l'on abrite, dans le secret de son cœur, une multitude de voix et une infinité de mondes. « Je proclame la Nuit plus véridique que le jour », écrit Senghor dans *Éthiopiques*.

Je me couche sur le lit de camp. Je ferme les yeux. J'entends le bruit de l'eau qui tape contre les quais. Voilà, me dis-je entre la veille et le sommeil. C'est cela que ton père t'aurait conseillé si tu l'avais écouté. « Évade-toi ! Sors de cette prison à laquelle tu t'es toi-même condamnée. Pars à l'abordage du monde. » Autour de moi, tout est immobile et je me mets à les haïr, ces objets inertes et mutiques. Ces tableaux, ces écrans, ces vitrines, ces morceaux de marbre m'irritent et m'angoissent.

Ces derniers mois, je n'ai pas arrêté de voyager. J'ai attendu dans des gares et des aéroports. J'ai passé des dizaines de portiques de sécurité, j'ai traversé des frontières, j'ai tendu mon passeport à des policiers de nationalités diverses. Il m'est arrivé d'être si fatiguée, si désorientée qu'en me réveillant dans une chambre d'hôtel je ne savais plus du tout dans quel pays j'étais. Un matin, au Mexique, quelqu'un a frappé à la porte de ma chambre. J'ai ouvert, l'esprit vaporeux, et je me suis mise à parler en arabe à la femme de chambre qui me faisait face. Ces voyages auxquels m'amène mon travail d'écrivain ne sont pas des aventures ou des explorations. Ce sont des voyages immobiles et en lieux clos puisque la plupart du temps on va d'une gare à un hôtel, d'un hôtel à une salle de conférences, puis à nouveau sur un quai de gare. Mon éditeur s'est inquiété de ces pulsions voyageuses. Il m'a écrit : « Il y a dans ta frénésie de déplacements quelque chose d'effrayant, comme si le seul but de ton existence était désormais de couvrir de tampons les pages de ton passeport et de te déployer sur la planète entière. » Je ne sais pas vraiment ce qui me poussait à ces voyages incessants, à cette fuite. Je voudrais savoir habiter un lieu, faire corps avec le monde qui m'entoure, jouir des éléments et de la nature, comme le décrit si merveilleusement Camus dans *Noces*, ou comme Alexis Zorba, le personnage de Nikos Kazantzaki, qui représente pour moi un idéal inaccessible.

Ce colosse, gourmand et séducteur, « ce capitaine aux mille balafres » qui ne craint rien ni personne et dont le goût pour la liberté impressionne tant le narrateur du roman. C'est la mer Égée qui coule dans ses veines, son corps semble fait de la même roche que les montagnes de son pays natal. « Je sentais, en écoutant Zorba, se renouveler la virginité du monde. Toutes les choses quotidiennes et décolorées reprenaient l'éclat qu'elles avaient au premier jour. L'eau, la femme, l'étoile, le pain, revenaient à la source primitive. »

Cela peut sembler paradoxal mais il me semble qu'on ne peut habiter un lieu que si on a la possibilité de le quitter, d'en partir. Habiter c'est le contraire de l'emprisonnement, de l'immobilité forcée, de l'inertie. « Si tu ne peux pas quitter l'endroit où tu te trouves, c'est que tu es du côté des faibles », écrit Fatima Mernissi. Lorsqu'elle écrit cette phrase, elle pense bien sûr aux femmes enfermées dans les harems mais aussi, j'en suis certaine, à ces jeunes Marocains qui, depuis les hauteurs de Tanger ou sur les rivages de l'Atlantique, rêvent d'un ailleurs et sont prêts à mourir pour y arriver. Être dominé, être du côté des faibles, c'est être contraint à l'immobilité. Ne pas pouvoir sortir de son quartier, de sa condition sociale, de son pays. Dans mon enfance, je voyais tous les matins les longues files devant les consulats d'Espagne, de France, du Canada. Dans les années 1990, le phénomène des harraga s'est intensifié. Tout le monde voulait un visa. L'Europe devenait un territoire à la fois honni et follement désiré. Sur les toits-terrasses de toutes les villes pullulaient les paraboles, portes de sortie vers un monde inaccessible, qu'on regardait à la télé et qui faisait frémir d'envie. C'est ce que l'artiste marocaine Yto Barrada, qui a longtemps vécu et travaillé à Tanger, appelait « le désir d'Occident ». Depuis, cette injustice fondamentale m'obsède : des millions d'hommes sont condamnés à ne pas pouvoir sortir de chez eux. Ils sont interdits de voyage, empêchés, enfermés. C'est ainsi qu'est structuré notre monde contemporain : sur l'inégal accès à la mobilité et à la circulation.

Mon ami l'écrivain Abdellah Taïa est né à Salé, ville ouvrière voisine de Rabat dont elle est séparée par le fleuve Bouregreg. Rabat la bourgeoise jauge sa populeuse jumelle avec mépris et on ne traverse pas si facilement la frontière qui sépare ces deux villes. Abdellah vient d'un quartier pauvre de Salé et, quand il a eu dix-huit ans, il a décidé, contre l'avis de beaucoup, de venir étudier la littérature à

Rabat. On a tenté de l'en dissuader. On lui a dit qu'un enfant de pauvres n'avait pas de temps à perdre sur les bancs de l'université. Qu'il fallait rester à sa place. Ne pas chercher à s'en sortir. « Tous les jours, je devais prendre le bus et effectuer un voyage qui mettait environ une demi-heure entre mon quartier et la fac de littérature. Ce n'était pas grand-chose comme distance et pourtant, ce voyage en bus a demandé à ma mère d'incroyables sacrifices. De 1992 à 1998, elle s'est arrangée pour trouver les douze dirhams quotidiens dont j'avais besoin pour me déplacer. Sans elle, sans ce voyage en bus, je n'aurais pu m'extraire de mon milieu et échapper à mon destin », m'a-t-il un jour raconté. Nous nous sommes dit que si nous n'étions pas devenus écrivains, que si nous n'avions pas émigré, nous ne nous serions sans doute jamais connus. Nous aurions vécu dans deux villes voisines, nous nous serions peut-être croisés dans une rue, sur une plage, mais il est fort peu probable que nous soyons jamais devenus amis. Pour devenir libres, pour devenir nous-mêmes, il nous a fallu nous arracher chacun aux rives de ce fleuve. Trouver un ailleurs où s'inventer.

« Pardon mademoiselle, excusez-moi, mais il faut vous réveiller. »

Je sens une main sur mon épaule. J'entends une voix d'homme qui me parle en italien. J'ouvre les yeux. Un visage est penché au-dessus de moi. J'ai si peur que je tombe de mon lit de camp et mon crâne vient taper contre le sol. L'inconnu s'affole. Il veut savoir si je me suis fait mal, s'il faut appeler à l'aide. J'agite les mains, je me relève en époussetant ma robe, en faisant semblant de ne pas avoir mal. J'ai une bosse sur le front et puis, surtout, je suis morte de honte devant cet homme si attentionné qui, j'en suis certaine, se retient de rire pour ne pas me vexer.

Je comprends qu'il n'est pas gardien mais qu'il doit faire le ménage dans cette pièce avant l'arrivée des premiers visiteurs. Il fait jour à présent et la nuit que je viens de vivre me semble tout à fait irréelle. La vie continue, bien loin de mes élucubrations, et cet homme commence sa journée de travail. Je passe une main dans mes cheveux hirsutes. Je lui fais signe que je m'en vais, que je me dépêche, que je suis désolée et que bientôt j'aurai disparu, que je ne l'embêterai plus. Je ne sais plus où j'ai laissé mes chaussures et je cours, pieds nus, dans le musée désert. J'ai l'impression que les œuvres avec qui je dialoguais cette nuit sont devenues des étrangères. Elles se sont refermées sur elles-mêmes, elles ne me prêtent aucune attention, elles font comme si on ne se connaissait pas. J'attrape mes bottines au pied d'un terrarium d'où s'élève enfin l'odeur du galant de nuit. Ce parfum m'accompagne tandis que je me dirige vers la porte par laquelle je suis passée hier soir. Je la pousse et au moment où je franchis le seuil, une question m'assaille : cette porte, a-t-elle toujours été ouverte ? Aurais-je pu, si je l'avais voulu, m'enfuir au milieu de la nuit ? Aurais-je pu m'évader ?

Je suis sortie si précipitamment que je ne sais pas l'heure qu'il est. L'aube vient à peine de poindre. La ville est bleue et déserte. Pas un bruit. Pas un promeneur si ce n'est cette silhouette qui court, loin, là-bas et qui déjà a disparu. Je passe devant l'église de la Salute, je traverse un petit pont en bois. Il n'y a personne alors je colle mon visage entre les grilles d'un portail et j'essaie d'apercevoir l'intérieur d'un jardin. Au-dessus du mur, pendent les branches d'un palmier et une glycine en fleur comme dans le jardin de Rabat. La maison, je crois, est abandonnée.

Sur une place, un homme ouvre son café. Il sort des tables sur la terrasse, il m'observe. Ma robe est froissée, mes cheveux sont emmêlés et mon maquillage a coulé sur mes joues. J'ai le visage d'une femme qui n'a pas dormi. Quelle histoire se raconte-t-il ? Celle d'une maîtresse éconduite, d'une femme infidèle qui a quitté à l'aube l'appartement d'un amant ? À seize ans, dans mes virées nocturnes, il arrivait souvent que nous dansions jusqu'au lever du jour. Nous étions encore un peu ivres et la lumière du matin nous surprenait. L'aube était à la fois un soulagement — j'avais survécu — et un instant plein de mélancolie. Elle signait la fin d'un sortilège et je découvrais alors la pâleur de mes camarades de fête, leurs teints hâves, leurs bouches déformées par la nausée.

« Viens t'asseoir », me signifie le serveur d'un geste du menton. Je m'installe à une table. Je commande un café serré et j'allume une cigarette. La place est vide. Personne n'est appuyé contre la fontaine. Pas de groupe de touristes dont le guide tient, au-dessus de sa tête, un drapeau de couleur ou un parapluie. Tout doucement, un ballet commence. On ouvre des volets. Une femme sort d'un immeuble, son enfant dans les bras. Des silhouettes traversent la place et quand mon deuxième café, fort et brûlant, arrive sur la table, la vie a déjà repris son cours.

Bientôt, il faudra que je retourne dans mon terrier, que je reprenne ma place derrière mon bureau. Que je me fasse aussi immobile, aussi indifférente aux autres que les objets qui m'ont tenu lieu de compagnons cette nuit. Mes personnages m'attendent, j'irai les déterrer des profondeurs, j'exhumerai des secrets. Je donnerai vie à des fantômes. Car la littérature, comme l'art, ne connaît pas le temps de la vie quotidienne. Elle se fiche des frontières entre le passé et le présent. Elle fait advenir le futur, elle nous renvoie dans les forêts claires de l'enfance. Le passé, quand on écrit, n'est pas mort.

Écrire a été pour moi une entreprise de réparation. Réparation intime, liée à l'injustice dont a été victime mon père. Je voulais réparer toutes les infamies : celles liées à ma famille mais aussi à mon peuple et à mon sexe. Réparation aussi de mon sentiment de n'appartenir à rien, de ne parler pour personne, de vivre dans un non-lieu. J'ai pu penser que l'écriture me procurerait une identité stable, qu'elle me permettrait en tout cas de m'inventer, de me définir hors du regard des autres. Mais j'ai compris que ce fantasme était une illusion. Être écrivain, pour moi, c'est au contraire se condamner à vivre en marge. Plus j'écris et plus je me sens excommuniée, étrangère. Je m'enferme des jours et des nuits pour tenter de dire ces sentiments de honte, de malaise, de solitude, qui me traversent. Je vis sur une île non pas pour fuir les autres mais pour les contempler et assouvir ainsi la passion que j'ai pour eux. Je ne sais pas si écrire m'a sauvé la vie. Je me méfie, en général, de ce genre de formulation. J'aurais survécu sans être écrivain. Mais je ne suis pas sûre que j'aurais été heureuse.

Écrire c'est être seule mais...

Tous mes remerciements vont à mon éditrice et amie Alina Gurdiel sans qui ce livre n'existerait pas. Son enthousiasme, sa passion ont rendu possible l'organisation de cette nuit folle à Venise. Et elle m'a accompagnée, pendant ces semaines d'écriture, avec une bienveillance et une douceur dont je garde un merveilleux souvenir. Merci à Martin Béthenod de nous avoir accueillis à la Punta della Dogana et d'avoir si généreusement partagé avec moi son regard sur Venise et sur l'art contemporain. Merci également à Manuel Carcassonne pour son regard acéré et brillant sur mon manuscrit et pour cette passion pour la littérature qui l'anime et que je partage avec lui. Enfin, je remercie mon ami Jean-Baptiste Del Amo, qui a accepté de jouer le rôle de premier lecteur et dont les commentaires m'ont tant aidée.

Merci à Martin Béthenod, directeur général délégué de la Bourse de Commerce (Collection Pinault), d'avoir accueilli avec autant d'enthousiasme ce projet de nuit vénitienne au cœur de la Pointe de la Douane.

Merci à Bruno Racine, directeur de Palazzo Grassi - Punta della Dogana (Collection Pinault), de soutenir ce livre avec autant d'énergie et de bienveillance.

Merci aussi à ses équipes, Martina Malobbia et Clementina Rizzi, qui ont tout mis en œuvre pour accueillir cette visiteuse du soir.

Alina Gurdiel

PALAZZO GRASSI
PUNTA DELLA DOGANA
PINAULT
COLLECTION

DE LA MÊME AUTRICE

Aux Éditions Gallimard

DANS LE JARDIN DE L'OGRE, 2014 (Folio n° 6062). Prix littéraire de la Mamounia 2015.

CHANSON DOUCE, 2016 (Folio n° 6492). Prix Goncourt 2016, prix des Lecteurs Gallimard 2016, Grand Prix des lectrices de *Elle* 2017 et Grand Prix des lycéennes de *Elle* 2017.

LE PAYS DES AUTRES, 2020 (Folio n° 6943). Grand Prix de l'héroïne *Madame Figaro* 2020.

REGARDEZ-NOUS DANSER, 2022.

Aux Éditions Stock

LE PARFUM DES FLEURS LA NUIT, 2021 (Folio n° 7073).

Aux Éditions Les Arènes

SEXE ET MENSONGES. LA VIE SEXUELLE AU MAROC, 2017.

PAROLES D'HONNEUR, illustré par Laetitia Coryn et Sandra Desmazières, 2017.

À MAINS NUES, Vol. 1, illustré par Clément Oubrerie et Sandra Desmazières, 2020.

À MAINS NUES, Vol. 2, illustré par Clément Oubrerie et Sandra Desmazières, 2021.

Aux Éditions de l'Aube

LE DIABLE EST DANS LES DÉTAILS, 2015.

SIMONE VEIL, MON HÉROÏNE, illustré par Pascal Lemaître, 2017.

COMMENT J'ÉCRIS, Conversation avec Éric Fottorino, 2018.

COLLECTION FOLIO

Dernières parutions

6876. Kazuo Ishiguro — *2 nouvelles musicales*
6877. Collectif — *Fioretti. Légendes de saint François d'Assise*
6878. Herta Müller — *La convocation*
6879. Giosuè Calaciura — *Borgo Vecchio*
6880. Marc Dugain — *Intérieur jour*
6881. Marc Dugain — *Transparence*
6882. Elena Ferrante — *Frantumaglia. L'écriture et ma vie*
6883. Lilia Hassaine — *L'œil du paon*
6884. Jon McGregor — *Réservoir 13*
6885. Caroline Lamarche — *Nous sommes à la lisière*
6886. Isabelle Sorente — *Le complexe de la sorcière*
6887. Karine Tuil — *Les choses humaines*
6888. Ovide — *Pénélope à Ulysse et autres lettres d'amour de grandes héroïnes antiques*
6889. Louis Pergaud — *La tragique aventure de Goupil et autres contes animaliers*
6890. Rainer Maria Rilke — *Notes sur la mélodie des choses et autres textes*
6891. George Orwell — *Mil neuf cent quatre-vingt-quatre*
6892. Jacques Casanova — *Histoire de ma vie*
6893. Santiago H. Amigorena — *Le ghetto intérieur*
6894. Dominique Barbéris — *Un dimanche à Ville-d'Avray*
6895. Alessandro Baricco — *The Game*
6896. Joffrine Donnadieu — *Une histoire de France*
6897. Marie Nimier — *Les confidences*
6898. Sylvain Ouillon — *Les jours*
6899. Ludmila Oulitskaïa — *Médée et ses enfants*

6900.	Antoine Wauters	*Pense aux pierres sous tes pas*
6901.	Franz-Olivier Giesbert	*Le schmock*
6902.	Élisée Reclus	*La source et autres histoires d'un ruisseau*
6903.	Simone Weil	*Étude pour une déclaration des obligations envers l'être humain et autres textes*
6904.	Aurélien Bellanger	*Le continent de la douceur*
6905.	Jean-Philippe Blondel	*La grande escapade*
6906.	Astrid Éliard	*La dernière fois que j'ai vu Adèle*
6907.	Lian Hearn	*Shikanoko, livres I et II*
6908.	Lian Hearn	*Shikanoko, livres III et IV*
6909.	Roy Jacobsen	*Mer blanche*
6910.	Luc Lang	*La tentation*
6911.	Jean-Baptiste Naudet	*La blessure*
6912.	Erik Orsenna	*Briser en nous la mer gelée*
6913.	Sylvain Prudhomme	*Par les routes*
6914.	Vincent Raynaud	*Au tournant de la nuit*
6915.	Kazuki Sakuraba	*La légende des filles rouges*
6916.	Philippe Sollers	*Désir*
6917.	Charles Baudelaire	*De l'essence du rire et autres textes*
6918.	Marguerite Duras	*Madame Dodin*
6919.	Madame de Genlis	*Mademoiselle de Clermont*
6920.	Collectif	*La Commune des écrivains. Paris, 1871 : vivre et écrire l'insurrection*
6921.	Jonathan Coe	*Le cœur de l'Angleterre*
6922.	Yoann Barbereau	*Dans les geôles de Sibérie*
6923.	Raphaël Confiant	*Grand café Martinique*
6924.	Jérôme Garcin	*Le dernier hiver du Cid*
6925.	Arnaud de La Grange	*Le huitième soir*
6926.	Javier Marías	*Berta Isla*
6927.	Fiona Mozley	*Elmet*
6928.	Philip Pullman	*La Belle Sauvage. La trilogie de la Poussière, I*

6929.	Jean-Christophe Rufin	*Les trois femmes du Consul. Les énigmes d'Aurel le Consul*
6930.	Collectif	*Haikus de printemps et d'été*
6931.	Épicure	*Lettre à Ménécée et autres textes*
6932.	Marcel Proust	*Le Mystérieux Correspondant et autres nouvelles retrouvées*
6933.	Nelly Alard	*La vie que tu t'étais imaginée*
6934.	Sophie Chauveau	*La fabrique des pervers*
6935.	Cecil Scott Forester	*L'heureux retour*
6936.	Cecil Scott Forester	*Un vaisseau de ligne*
6937.	Cecil Scott Forester	*Pavillon haut*
6938.	Pam Jenoff	*La parade des enfants perdus*
6939.	Maylis de Kerangal	*Ni fleurs ni couronnes* suivi de *Sous la cendre*
6940.	Michèle Lesbre	*Rendez-vous à Parme*
6941.	Akira Mizubayashi	*Âme brisée*
6942.	Arto Paasilinna	*Adam & Eve*
6943.	Leïla Slimani	*Le pays des autres*
6944.	Zadie Smith	*Indices*
6945.	Cesare Pavese	*La plage*
6946.	Rabindranath Tagore	*À quatre voix*
6947.	Jean de La Fontaine	*Les Amours de Psyché et de Cupidon* précédé d'*Adonis* et du *Songe de Vaux*
6948.	Bartabas	*D'un cheval l'autre*
6949.	Tonino Benacquista	*Toutes les histoires d'amour ont été racontées, sauf une*
6950.	François Cavanna	*Crève, Ducon !*
6951.	René Frégni	*Dernier arrêt avant l'automne*
6952.	Violaine Huisman	*Rose désert*
6953.	Alexandre Labruffe	*Chroniques d'une station-service*
6954.	Franck Maubert	*Avec Bacon*
6955.	Claire Messud	*Avant le bouleversement du monde*
6956.	Olivier Rolin	*Extérieur monde*
6957.	Karina Sainz Borgo	*La fille de l'Espagnole*
6958.	Julie Wolkenstein	*Et toujours en été*
6959.	James Fenimore Cooper	*Le Corsaire Rouge*

Tous les papiers utilisés pour les ouvrages des collections Folio sont certifiés et proviennent de forêts gérées durablement.

Composition Nord Compo
Impression Novoprint
à Barcelone, le 03 mars 2022
Dépôt légal : mars 2022

ISBN 978-2-07-294571-7 / Imprimé en Espagne

394825